核攻撃から
身を守ろう！

内野克彦

東京図書出版

はじめに

　私は子どもの頃より戦記物を読むのが好きでした。戦争には、諜報活動、戦略、戦術、攻撃、防御等社会生活や企業活動に参考になる事が多く含まれているからです。社会人として使用済み核燃料、低レベル放射性廃棄物の輸送会社に就職し放射線管理業務をしていて、海外出張や個人的な海外旅行の機会に時間があればその国の戦争博物館に行っていました。

　スウェーデンの戦争博物館の展示では、初めにサルが噛みつき合いのケンカをし、次に類人猿がこん棒で殴り合い、さらに人類が石オノ、刃物を使いそして、槍、弓、鉄砲、大砲、戦車、飛行機、毒ガス、原子爆弾等エスカレートしていく人類の戦争の発展過程が示されていました。大砲が出現したとき当時の人々は城の門を一撃で破壊してしまう威力に圧倒され、もう戦争は起きないと思ったことでしょう。口では平和を唱えていてもいくら兵器が進化しても戦争は起きているのが現実です。

　戦後、平和の雰囲気にどっぷりとつかり、いわゆる平和ボケ気味の多くの日本国民は、日本は非核三原則を守っているのだから、あるいは、米国との同盟関係にあり、いざというときには米国からいわゆる核の傘が差しのべられるはずとの確信のもとに他国からの核攻撃を受けないと信じたいのではないでしょうか。

　しかし、その日本が偶発的に核攻撃に巻き込まれるかもしれません。その時に備えて、日本を守るために日本も核武装すべきとの意見もあるようです。

　動物の DNA には生きるために戦いは必要と記録されているのでしょうか。古代ローマのコロッセオでは奴隷同士またライオンと奴隷の殺し合いを見て観客は歓喜していたといいます。また、「最高のスポーツは

戦争である」と言った哲学者がいたそうです。苦しい戦争を経験していない私は戦争に対してスポーツ感覚を持っているのかもしれません。

　最近の核兵器開発絡みの世界の不穏な動き、とくに北朝鮮による弾道ミサイルや核兵器開発の動きは、核戦争の勃発が次第に現実化の様相を帯びてきているように感じさせます。いつ起こるかわからない先方の一方的な核攻撃に対して非難や反対を表明し、注視しているだけでは全く歯がゆく、心もとない感じです。少なくとも核戦争の発生を想定して、あらかじめ核攻撃に対する防護対策等を官民一体となって国を挙げて整備するとともに、個人としても生存のための準備をしておくことが緊要と考えます。

　核ミサイル飛来の警報が発せられ、自衛隊が迎撃に失敗するかもしれず、警報発令から15分後に一定の距離の場所に着弾するとした場合、国民はどう対処すればよいのでしょうか。

　また、核兵器の完全なる廃絶は万人の希求することであり、当然ながら核戦争は絶対に回避しなくてはならないと強く思っています。

　最後に本書を通じて、世界の平和、人類の健康と繁栄に貢献する原子力平和利用と核兵器の違いをご理解いただければ幸いです。

　2018年　初夏

内 野 克 彦

目　次

はじめに ……………………………………………………………………… 1

第1章　放射線の基礎 ……………………………………………………… 5

1. 原子と原子核 ……………………………………………………………… 7

2. 同位元素 …………………………………………………………………… 9

3. 放射性壊変/崩壊 ………………………………………………………… 10

4. 放射線と放射能 ………………………………………………………… 13

5. 放射線の種類 …………………………………………………………… 15

6. 放射線の性質（放射線の物質との相互作用）………………………… 16

7. 放射性物質の半減期 …………………………………………………… 18

8. 放射能と放射線の強さを表す単位 …………………………………… 19

9. 放射線の計測 …………………………………………………………… 20

10. 放射線被ばくと人体への影響 ………………………………………… 24

11. 放射線障害の回復（ホルミシス効果）………………………………… 28

第2章　核兵器 …………………………………………………………… 29

1. 原爆と水爆の原理 ── 質量とエネルギーの等価 $E = mc^2$ ……… 31

2. 原子爆弾（原爆）は核分裂爆発 ……………………………………… 33

3. 核分裂の連鎖反応 ……………………………………………………… 34

4. 臨界と超臨界 …………………………………………………………… 35

5. 最小臨界量 ……………………………………………………………… 37

6. 原爆材料（核分裂性物質）の製造 38

7. 再　処　理 42

8. 原子爆弾（原爆） 44

9. 熱核融合爆弾（水爆） 50

10. 中性子爆弾（別名：放射線強化爆弾、小型水爆） 52

第3章　核攻撃に対する防護 55

1. 放射線防護 57

2. 核兵器の脅威を踏まえた防護の準備 61

3. 核爆発の三大威力 ── 閃光・熱線、爆風、放射線 63

4. 戸外での応急防護 80

5. 核シェルターの性能等要件 91

6. 核シェルターの概念 93

7. 核シェルターの早急な整備 96

8. 公共核シェルターの整備・拡充の緊急性 98

9. 核シェルターの普及・促進提案 101

付録及び関連参考情報 103

付録A　防じんマスクの代表例 105

付録B　ホームシェルターの代表例 107

関連参考情報　J-ALERT（アラート）の概要 111

主な参考資料 116

第１章

放射線の基礎

1．原子と原子核

　天然に存在する物質はすべて原子（物質の最小単位である粒子）で出来ていると考えられている。中心に原子核があり、その周囲を負の電気を帯びた電子（軌道電子）が回っている。さらに原子核は、正の電気を帯びた陽子（質量が電子の約1840倍）と電気的に中性な中性子によって構成されている。陽子の数は軌道電子の数と等しく、原子は全体として中性である。これが現在考えられている原子の構造である。
　原子の化学的性質は原子核内の陽子の数、すなわち元素の順位を表す原子番号によって決まるが、原子番号が同じである原子の種類（グループ）はそれぞれの特性を持っていて元素と呼ばれている。

　元素は現在、質量の一番軽い水素から最も重いウランまで92種類が天然に存在している。ウランよりさらに重い元素は原子炉、粒子加速器等を利用して人工的に作られ、現在は118番のオガネソン（^{118}Og）まで発見されている。

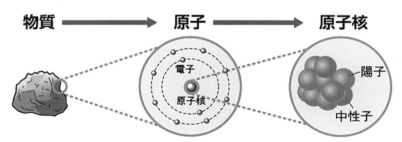

図1-1　物質の最小単位、原子の構造
「中学生・高校生のための放射線副読本」文部科学省より

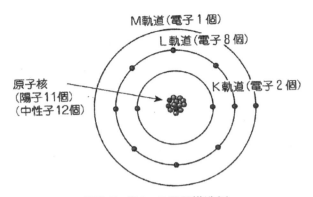

図1-2　${}^{23}_{11}$Na の原子構造例
『核燃料物質等の安全輸送の基礎』ERC出版より

2．同位元素

　原子は、陽子の数を原子番号と呼び Z で表し、中性子の数 N との和を質量数 A として一般的に次のように表記される。

$$^{質量数\,A\,=\,N+Z}_{陽子数\,(原子番号)\,Z}\,元素 \Rightarrow （例）{}^{235}_{92}U$$

　原子には陽子の数（原子番号）が同じで化学的性質が同じでも中性子の数が異なるものが存在する場合がある。例えば、ウランは、陽子の数は92であるが、中性子の数が138、140、141、142、143、144、146と異なるウラン原子がある。

　　ウラン（${}^{230}_{92}U$、${}^{232}_{92}U$、${}^{233}_{92}U$、${}^{234}_{92}U$、${}^{235}_{92}U$、${}^{236}_{92}U$、${}^{238}_{92}U$）

　これらは同位体または同位元素（アイソトープ）と呼ばれる。原子番号は原子の化学的性質を決定し、元素記号を書けばその原子番号が自動的に決まるために原子番号は記入しないことが多い。

3. 放射性壊変/崩壊

　放射性同位元素が余分なエネルギーを与えられ原子核が興奮状態（励起状態）にされると余分なエネルギーを放射線として放出して元の原子核が壊れ、新たな原子核に変化する。この現象を放射性壊変/崩壊という。代表的な放射性壊変としては、アルファ（α）壊変、ベータ（β）壊変があり、ガンマ（γ）線の放射を伴うこともある。その他には、中性子や陽子などを放射線として放出する壊変がある。

⑴ アルファ（α）線

　原子核の中から陽子2個と中性子2個がまとまって飛び出してくるものをアルファ線という。アルファ線はヘリウム（He）原子核と同じ構造を持つ正電荷の粒子であり放射線の中では重い粒子であるため、短い距離で空気中の物質の電子を電離・励起し、エネルギーを失い停止する。アルファ線は、ウラン、ラジウム等、大きい原子核から放出される。

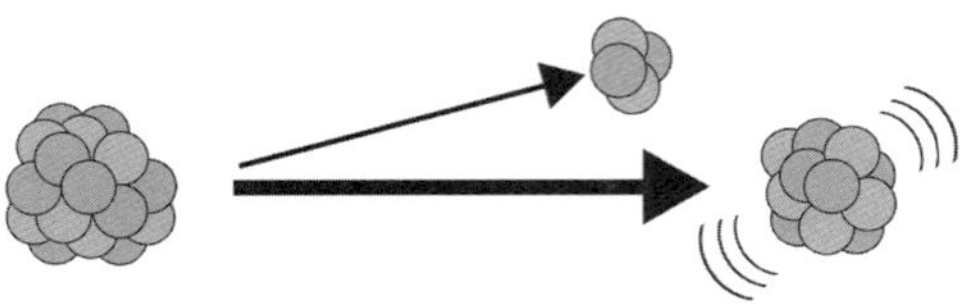

アルファ線（$^{4}_{2}$He原子核）

図1-3　アルファ壊変/崩壊
「原子力・エネルギー図面集」電気事業連合会より

⑵ ベータ（β）線

　原子核から発生する高速の電子をベータ線（負電荷）というが、この

ベータ線は原子核の中の1個の中性子が陽子に変わるときに放出され、この現象をベータ壊変/崩壊、またはβ⁻［ベータマイナス］崩壊という。

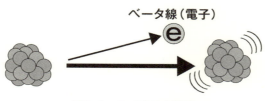

図1-4　β⁻壊変/崩壊
「原子力・エネルギー図面集」電気事業連合会より

(3) ガンマ（γ）線

ベータ壊変やアルファ壊変でできた核、あるいは、核反応で生成された原子核は、エネルギーの高い励起状態（興奮状態）にあり、余分なエネルギーをガンマ線として放出し安定な状態となる。この現象は、ガンマ（γ）線放射といわれる。

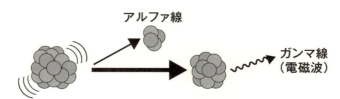

図1-5　アルファ壊変またはベータ壊変に伴うガンマ線放射
「原子力・エネルギー図面集」電気事業連合会より

(4) 中性子線

ベリリウム（${}^{9}_{4}$Be）にアルファ線を当てたりすると次のような反応で中性子が発生する。

$$^{9}_{4}\mathrm{Be} + {}^{4}_{2}\alpha \rightarrow {}^{12}_{6}\mathrm{C} + {}^{1}_{0}\mathrm{n}$$

　また、核分裂や自発核分裂といった核反応によっても中性子が放出される。ウランの同位元素のうち存在比0.7%のウラン235（$^{235}\mathrm{U}$）のみが速度の遅い熱中性子の入射により核分裂を起こし、2〜3個の高速の中性子が発生する。1回の核分裂で放出されるエネルギーは約200 MeV*である。核分裂で生成される原子核は、核分裂生成物（死の灰）と呼ばれ、それらの多くは強いβ線とγ線を放出する。

$$^{235}_{92}\mathrm{U} + {}^{1}_{0}\mathrm{n} \rightarrow {}^{A}_{a}\mathrm{X} + {}^{B}_{b}\mathrm{Y} + (2{\sim}3){}^{1}_{0}\mathrm{n}$$

　　＊eV（電子ボルト）は、分子、原子、原子核のレベルで力やエネルギーを取り扱う単位。MeV は、100万電子ボルトという単位で、1 eV の100万倍の大きさ。

第 1 章　放射線の基礎

4．放射線と放射能

　放射線を出す物質は、放射性同位元素と呼ばれ、ある原子が放射線を放出する能力は放射能という。この関係は、懐中電灯にたとえると理解しやすい。懐中電灯から出る光を放射線とすると、懐中電灯は光を出す能力があり、その能力を放射能とみることができる。

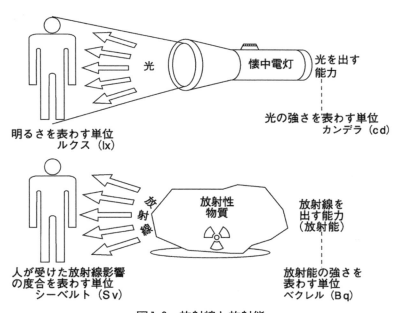

図1-6　放射線と放射能
「エネ百科　原子力・エネルギー図面集」日本原子力文化財団より

「放射能漏れ」、「放射能で汚染している」と言われることがあるが、正しくは「放射性物質が漏れる」、「放射性物質で汚染している」と言うべきである。

放射能は放射線を放出する能力であり汚染したり漏れたりするものではない。

▫ 放射線漏れ

放射線を出す源（線源）を囲む遮蔽体などが不十分で、外に放射線が漏れることを意味する。

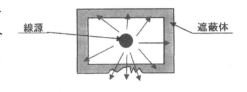

▫ 放射性物質漏れ

線源の周囲（カプセル等）から放射性同位元素/放射性物質が外へ漏れていること（放射線を出す源〈線源〉が漏れていること）を意味する。

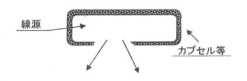

図1-7　放射線漏れと放射性物質漏れ

㈱千代田テクノル　石井俊一氏作図

第1章　放射線の基礎

5．放射線の種類

　放射線にはアルファ線、ベータ線やガンマ線、レントゲン線とも呼ばれるエックス（X）線、中性子線などの種類がある。

表1-1　代表的な放射線

電磁波	X線	原子中の軌道電子のエネルギー状態の変化に伴って放出される電磁波
	γ線	電子や陽電子などが原子核の近くで大きな力を受けたとき放出される電磁波
電気を持った粒子線	α線	原子核の中の核子のエネルギー状態変化に伴って放出される電磁波
	β線	原子核から放出される電子でマイナスの電気を持つ
電気を持たない粒子線	中性子線	主に原子炉や加速器で核分裂や核融合などの原子核反応から作られる中性子線

15

6. 放射線の性質（放射線の物質との相互作用）

　放射線には主として電離作用、透過作用、蛍光作用がある。放射線が原子の軌道電子をたたき出すと、その原子は陽イオンになり、たたき出された電子と電子を捕らえた原子が陰イオンになる。これを電離作用といい電離作用を起こす能力（電離能）はアルファ線が最も強く、次いでベータ線、ガンマ線の順となる。この電離作用を利用した測定器としては、GM（ガイガーミュラー）計数管、半導体検出器、電離箱などがある。
　また、放射線には物質中を透過する性質（透過作用）があり、この透過作用は放射線の種類やエネルギー等によって異なる。電離能が大きな

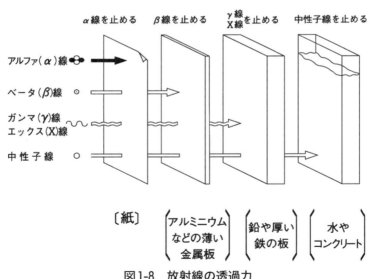

図1-8　放射線の透過力
「エネ百科　原子力・エネルギー図面集」日本原子力文化財団より

第1章　放射線の基礎

放射線ほどエネルギーを消費するので透過力が小さくなり、アルファ線は紙1枚程度、ベータ線は数ミリ厚のアルミニウム板、ガンマ線は相当な厚みの鉛、コンクリートなど、材料や厚さを選ぶことにより遮蔽ができる。例えば、コバルト60（^{60}Co）からのガンマ線を10分の1に遮蔽するには、鉛で約4cm、コンクリートで約20cmの厚みが必要である。

　その他、放射線には、蛍光作用がある。例えば、硫化亜鉛やヨウ化ナトリウムに当たって吸収されると、その物質から特殊な光を出させる働き（蛍光作用）がある。

7．放射性物質の半減期

　放射性物質は壊変を繰り返し、最終的に安定した物質へ変化すると放射線を放出しなくなる。
　原子核の壊変には規則性があり、放射能の量はある一定の時間が経過すると半分になり、さらに同じ時間が経過するとまたその半分になる。
　壊変によって初めの原子核の数が半分になる時間を半減期という。半減期は、放射性物質（放射性同位元素）によって異なり、数秒から100億年を超えるものまである。

　体内に取り込まれた放射性同位元素の量が代謝や排せつにより体外へ排出されて半分になるまでの時間を生物学的半減期と呼ぶのに対して、物理学的半減期ともいう。

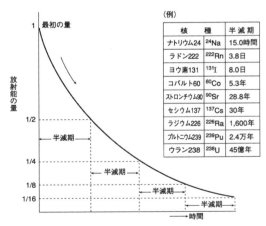

図1-9　放射性同位元素の半減期

「エネ百科　原子力・エネルギー図面集」日本原子力文化財団より

第1章　放射線の基礎

8．放射能と放射線の強さを表す単位

▫ベクレル

　放射性物質の量を表す、1秒間に原子核が1個壊変することを1ベクレル（Bq）という単位を用いて表す（内部被ばくに関係する数量)。

▫シーベルト

　放射線が人体に対してどのくらい影響を与えるのかを評価するためにシーベルト（Sv）という単位を用いる（外部被ばくに関係する数量)。

9．放射線の計測

　放射線は人間の五感では感知できないので、放射線と物質との相互作用を利用して放射線を計測可能な現象に変換し、その量を測定することが放射線測定器の目的である。

　現在利用されている放射線測定器を電離、蛍光、写真作用ごとに分類すると表1-3のとおりである。

表1-2　放射線計測可能な現象

放射線	物質との相互作用	計測可能な現象に変換	
α線	気体	電離、励起	電流、電圧、静電気
β線	液体	乳剤感光、発光	写真画像、蛍光、閃光
γ線	固体	正孔、電子対	エッチピット、気泡
熱中性子線	気体	ホウ素の核反応等	荷電粒子検出
高速中性子線	固体	放射線損傷など	反跳陽子によるキズ

表1-3　放射線測定器の作用別分類

作用／測定器	主な対象放射線
電離作用を利用するもの	
電離箱	γ線、β線
GM計数管	γ線、β線
半導体検出器	γ線、β線
中性子検出器	熱中性子線、高速中性子線、γ線
電子式ポケット線量計	γ線、X線、中性子線

第1章　放射線の基礎

蛍光作用を利用するもの 　シンチレーション検出器	α線、β線、γ線、中性子線
写真作用を利用するもの 　フィルムバッジ	β線、γ線、中性子線

> 空間線量率の測定器

(1) 電離箱式サーベイメータ

　密閉した箱の中で二つの電極を向かい合わせ、その間に高電圧で電場を作り、入射した放射線の電離作用によって生じたイオンを電極に集め電極を電気計測器に接続しておくことで、電気量の変化から放射線の強度を計測し電気量から空間線量率を測定する（図1-10）。

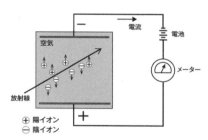

図1-10　電離箱式サーベイメータ
「エネ百科　原子力・エネルギー図面集」日本原子力文化財団より

(2) シンチレーション式サーベイメータ（γ線測定用）

　放射線（荷電粒子）と特定の物質（ヨウ化ナトリウムなどのシンチレータ）との相互作用が発光あるいは閃光を発生する現象を利用した測定器で、発光した光は光電子増倍管で増幅して電気信号に変え、電流パルスとして計測し空間線量率を測定する（図1-11）。

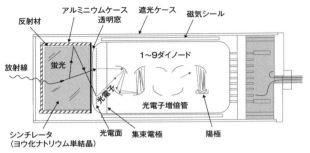

図1-11　シンチレーション式サーベイメータ
「エネ百科　原子力・エネルギー図面集」日本原子力文化財団より

表面汚染測定用サーベイメータ

(1) GM（ガイガーミュラー）管式汚染サーベイメータ

円筒形の筒の内部にヘリウムやアルゴンなどの不活性ガスを封入し、中心電極と壁材（電極）間に高い電圧をかけ、窓から入射した放射線により生成したイオンが引き金となって放電が起きる。

一定時間の放電（パルス）を数えることにより、入射した放射線の量を測定する（図1-12）。

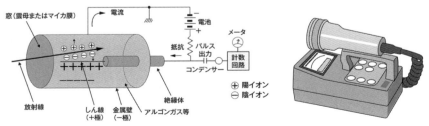

図1-12　GM管式汚染サーベイメータ
「エネ百科　原子力・エネルギー図面集」日本原子力文化財団より

第 1 章　放射線の基礎

⑵ シンチレーション式汚染サーベイメータ（α線測定用）

　原理は、図1-11のシンチレーション式サーベイメータと同じである。シンチレータとしてZnS（硫化亜鉛）などが使用される（図1-13）。

　放射線が入射する窓材には薄いアルミニウム箔や遮光プラスチックなどが使用される。

**図1-13　シンチレーション式汚染
　　　　　サーベイメータ**

「エネ百科　原子力・エネルギー図面集」日本原子力文化財団より

10. 放射線被ばくと人体への影響

自然放射線と人工放射線の影響

　人間は宇宙から降り注ぐ宇宙線、地上の物質から放射される自然放射線、空気中に含まれるラドンからの放射線、食物に含まれる放射性同位元素（カリウム〈^{40}K〉、炭素〈^{14}C〉等）など、粒子や放射線の形で常に自然放射線を受けている。

　自然放射線の線量は地域変動が大きく、世界平均では年間2.4 mSv、日本ではラドン等からの被ばくが少なく、平均で年間1人当たり2.1 mSvであるが、ブラジルのガラパリ、インドのケララ地方、イランのラムサール市など10〜100 mSvを超えるところもある（図1-14）。

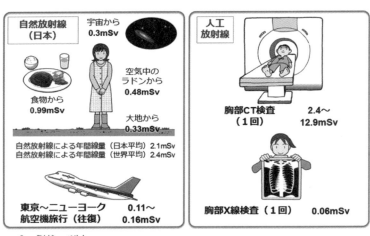

図1-14　放射線被ばくの早見図
「放射線による健康影響等に関する統一的な基礎資料」環境省より

第1章　放射線の基礎

急性障害と晩発障害

　基本的に放射線による身体的影響は、同一線量を被ばくした場合、瞬間的に被ばくする急性被ばくの方が、弱い線量を長期間にわたって連続的に被ばくする慢性被ばくより障害が大きい。これは細胞の再生作用、あるいは、回復作用によるものと考えられている。

　重大な放射線事故、あるいは、原爆などで一度に、あるいは、比較的短時間に大量の放射線を受けると、被ばく後、遅くとも2〜3カ月以内に皮膚の紅斑や頭髪の脱毛などの急性障害が発生する。

　これに対して、長期間の潜伏期間を経て主に癌や遺伝性影響（世代を経て現れる）等が発現する場合があるが、これらを晩発障害という。

　それらの発現には急性障害にみられるような「しきい値」（被ばく線量がある量を超えると影響が現れる線量）がないとされている（図1-15）。

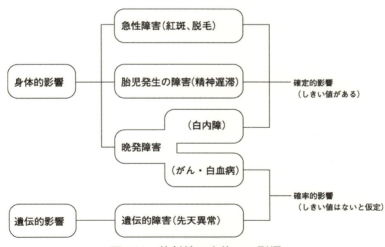

図1-15　放射線の人体への影響
「エネ百科　原子力・エネルギー図面集」日本原子力文化財団より

確定的影響と確率的影響

確定的影響

　細胞死によって起こる障害でしきい値があり、線量の増加により症状の重篤度が増大するもので白内障、脱毛、不妊など確率的影響以外のすべての影響である。

確率的影響

　しきい値はない、被ばく線量の増加に伴って発生頻度が増加する。突然変異に基づく影響で癌、白血病、遺伝的影響の3つである。

　図1-16は、線量と放射線影響の関係を示したものである。

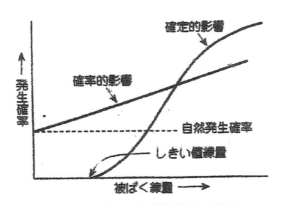

図1-16　線量と放射線影響の関係
『核燃料物質等の安全輸送の基礎』ERC出版より

第1章　放射線の基礎

表1-4　放射線影響としきい線量

影響の種類	確定的影響	確率的影響
しきい値線量	存在する	存在しないとみられている（仮定されている）
線量の増加により変化する量	発症頻度と症状（重篤度）	発生確率（重篤度は必ずしも増大しない）
症状の例	白血球の減少、皮膚の紅斑、脱毛、不妊、白内障、放射線宿酔など	癌、白血病、遺伝的影響
放射線防護の趣旨	発生の防止	発生の制限

全身被ばくによる主な症状

250 mSv 以下	臨床症状は確認されず
500 mSv	初めてリンパ球が減少する障害出現
1000 mSv	10%の人に悪心、嘔吐が見られる
3000〜5000 mSv	大半の人は60日以内に骨髄障害を起こし、各種の血球減少症による感染症や出血で死亡（骨髄死）する
（4000 mSv）	被ばくした人の半数（50%）が60日以内に死亡する
7000〜10000 mSv	消化管の幹細胞が死亡するとともに、機能細胞の補充がなくなり、小腸の機能が障害を受け、下痢、下血、感染等が起こり、ほぼ全員（100%）が死亡（腸死）する
50000 mSv 以上	中枢神経が障害を受けて被ばく後2〜3日で死亡（中枢神経死）する

11. 放射線障害の回復 (ホルミシス効果)

　1980年に米国ミズーリ大学のラッキー教授が低線量被ばくは健康に良いという学説を発表した。アポロ計画の宇宙飛行士は2週間地上の300倍の放射線に被ばくしている。身体にどんな影響があるか10年間調査した。その結果、

　　①免疫力の向上　　②身体の活性化
　　③病気の治癒　　　④若々しい体を保つ

ということが判明した。

　低線量被ばくについては十分に解明されていない現状である。

　これは人間には塩分はなくてはならないが、丼一杯舐めたら死んでしまうということとよく似ています。

　秋田県の玉川温泉には北投石（ラジウムを大量に含む温泉沈殿物重晶石 ── 硫酸バリウム）があり放射線量が多く末期癌の患者が湯治をしています。また、鳥取県の三朝温泉はラジウム含有率が日本一ですがその周辺住民の癌死亡率は全国平均の半分以下とのことです。

　低線量の放射線は細胞の免疫機構を刺激し、また、DNA修復、遊離基解毒作用に関連した分子応答の可能性があると考えられている。

　ホルミシス効果では年間100mSv（毎時11.4μSv）の被ばくが最も健康に良いとされている。現在の福島県飯舘村の平均放射線量が0.8μSv（年間7mSv）であるとすると、ホルミシス効果の観点から飯舘村は住むのに日本で最適で、一番健康に良い村ということになる。

第2章

核 兵 器

1. 原爆と水爆の原理
── 質量とエネルギーの等価E＝mc²

　アインシュタイン博士は、特殊相対性理論（「真空中では、どんな物体も光の速度を超える速度で運動することはできない」とする理論）の延長として、「質量とエネルギーは等価である」という法則とそのことを表した「$E = mc^2$」という式を導いた。

　これをもう少しわかりやすく説明すると、あらゆる物質はエネルギー E が質量 m という姿、ないしは、形、すなわち物質になったもの、あるいは、また、その逆もあるということである。この式は後に核反応の際の質量とエネルギーの測定により実験的に検証されるとともに、質量からエネルギーの変換により莫大なエネルギーを放出する可能性を予言していた。

　ちなみに、質量1g（グラム）が完全にエネルギーに変わると、どれくらいのエネルギーになるだろうか。質量を m、エネルギーを E で表すと、質量とエネルギーの等価法則により、$E = mc^2$［erg（エルグ）］の関係にある。

　ここで c は光の速度 3×10^{10} cm/sec である。

　したがって、質量1gのものが完全にエネルギーに変換されたとすると、

$$E = 1 \times (3 \times 10^{10})^2 = 9 \times 10^{20}\,[\text{erg}] \fallingdotseq 25 \times 10^6\,[\text{kWh（キロワット時）}]$$

のエネルギーに相当し、石炭1gの燃焼エネルギー（2.5×10^{11}［erg］）と比較すると 10^9（10億）倍以上に相当する莫大なエネルギーになる。

　一般的には、ウラン原子は同じ重さで石炭の300万倍、石油の230万

倍のエネルギーが出るといわれている。このとてつもなく莫大なエネル
ギーを発電目的で一定の出力に抑制しながら徐々に取り出すのが原子力
発電で、一方、大量虐殺を目的として、制御なしに一瞬で取り出すのが
原子爆弾である。これが根本的な大きな違いである。

2．原子爆弾（原爆）は核分裂爆発

　原子力発電の燃料（核燃料）としておなじみのウラン235やプルトニウム239などの元素は、中性子の衝突や吸収により2つに割れて破片（核分裂生成物）となる核分裂を起こす性質がある。通常は、核分裂を起こすと、ちょうど半分に割れる確率は小さく、一方が重く一方が軽くなるように割れるのでいろいろな種類の核分裂生成物が生成される。

　分裂前のウラン235やプルトニウム239に中性子を加えた質量と核分裂で発生した核分裂生成物の質量を比較すると分裂後の質量が軽くなっている。前記の式から、物質が消えて、エネルギーになったと理解される。原爆でいえば、爆発後の熱線、爆風、放射線等になったということである。

図2-1　ウラン235の核分裂反応の様子
（中性子を吸収したウラン235が、クリプトン92とバリウム141に分裂した例）
長崎原爆資料館所蔵

3．核分裂の連鎖反応

　ウラン235やプルトニウム239などの核分裂性物質は核分裂を起こして2つに割れると、同時に新たに中性子が2〜3個（平均約2.5個）飛び出す。その中性子が次の原子核を分裂させ反応が連鎖的に起こり超短時間に分裂を起こして、核分裂が「ねずみ算」的に増える。これが核分裂の連鎖反応である。

第2章　核兵器

4．臨界と超臨界

　核分裂連鎖反応において核分裂性物質内で生成される中性子の数のうち吸収される数と外に漏れる数と原子炉制御棒のホウ素、カドミウム、ハフニウム等の中性子吸収物質により吸収される中性子数が等しい状態を臨界という。言い換えると核分裂連鎖反応が安定的に持続している状態（原子炉が稼働している状態）にあることである。極端に中性子の生成数が多いと超臨界状態（原子爆弾）になる。

　一方、核分裂連鎖反応が持続できない状態を未臨界と言い再処理工場等では厳守すべき臨界安全という絶対条件である。

　臨界になるには核分裂性物質の体積、量、濃度、形状が関係する。原子炉内では、燃料棒の周囲に中性子反射材や減速材が配置されていてこれらが遅い中性子と燃料棒との核反応を制御している。

　しかし、ある一定の質量を超えると爆発的に核分裂連鎖反応を起こす。この量を臨界量という。

　原子爆弾はそれぞれ臨界未満の量の核分裂性物質を高性能爆薬で一緒にして超臨界の量にする。爆薬の力が弱く、十分な量を集められなかったり、圧縮時間が短かったりすると、十分に連鎖反応が持続させられないので核分裂性物質の一部しか連鎖反応を起こすことができない。結局、分裂を起こさず飛び散ってしまうために性能の良い小型の原子爆弾（ミサイルに搭載する）を作ることはできない。

　これまでに核実験が何度も実施されてきたのはこれを検証するためといわれている。広島の原爆はわずかに２％しか核分裂していなかったといわれている。それほど性能の良い小型の原子爆弾を作るのは難しいのである。

35

インド、パキスタンの最初の核実験は大型のもので兵器としては良いものではなかった。船に積載して港で爆発させる程度のものであり、兵器というよりは単に核分裂装置といったほうが適当とみられている。

第2章 核兵器

5. 最小臨界量

核分裂性物質の塊が小さいと、体積の割合に対して表面積が大きくなり、発生した中性子が外に逃げ出す確率が大きくなる。その場合、連鎖反応は起こらない。

しかし、ある質量を超えると自然の中性子で爆発的に核分裂を起こす。この量のことを臨界量という。核分裂性物質の最小臨界量を以下に示す。

表2-1　核分裂性物質の最小臨界質量

	^{235}U	^{239}Pu
溶液（g）	820	510
金属（kg）	22.8	5.6
溶液容量（L）	6.3	4.5

『核燃料物質等の安全輸送の基礎』ERC出版より

6. 原爆材料（核分裂性物質）の製造

　エネルギーの低い中性子（熱中性子）によって核分裂を起こすのは主にウラン235とプルトニウム239である。広島の原爆はウラン235、長崎はプルトニウム239が使用された。

原爆用濃縮ウランの製造

　天然ウランの同位元素比率は、U-235が約0.7％、U-238が約99.3％、U-234が約0.006％である。原子爆弾を作るにはU-235を約100％に濃縮する必要がある。

　濃縮法にはガス拡散法と遠心分離法がある。広島に投下された原爆はガス拡散法によって製造された。これはガス化した六フッ化ウランをごく細かい孔に数千回通過させて濃縮する方法である。化学的性質の同じウランであるから質量数のわずかな違いを利用する。これはあたかも運動会で細身の子と太った子に「梯子くぐり競技」をさせると細身の子が太った子より早くくぐり抜けるのと似ている。

　現在では、電力使用量が約10分の1で工場の規模が約3分の1ですむ遠心分離法が主に採用されている。これは電気洗濯機の脱水機のように遠心力を利用している。高速回

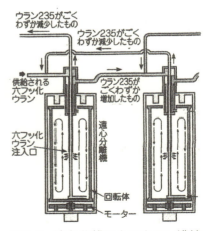

図2-2　遠心分離によるウラン濃縮
『核燃料物質等の安全輸送の基礎』
ERC出版より

転筒の外側に質量数の大きいU-238が、そして中心部にU-235が多く集まる仕組みになっている。この中心部の六フッ化ウランガスを次の遠心分離機に導き、同様の過程を何回も繰り返し濃縮する。

劣化ウラン弾 ── 濃縮ウラン製造の副産物

濃縮工程でウラン235を取り出した残りのウランは天然ウランのウラン235の含有量（0.72％）と比べて少ない（0.2～0.3％）。これを劣化ウランという。劣化とは、劣ったというよりは減らされたという意味である。

ウランは比重が金と同じくらいで約19 g/cm³であり、鉄の2.5倍、鉛の1.7倍であるため弾は大きな運動エネルギーを得て高い貫通力を持つ。

命中時の変形エネルギーで微粉末化され、直ちに酸素と化合し約1,200℃の高温になる。戦車の乗員の死体は原形をとどめず灰になってしまう。戦車は小さな穴があくだけである。

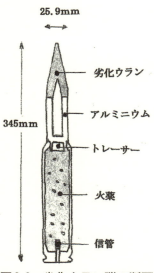

図2-3 劣化ウラン弾の断面

ウラン238の半減期は約45億年（地球の年齢約46億年と同様）で長くアルファ線を出す。環境中に放出されて体内に取り込むと、癌、白血病、先天性奇形を起こす可能性がある。

プルトニウムの製造

　プルトニウムは天然には存在しない人工的に作られた元素である。原子炉の中でウラン238が中性子を吸収して核爆発を起こすプルトニウム239が作られる。

　しかし、長く原子炉内にとどまっているとプルトニウム239が中性子を吸収してプルトニウム240になる割合が大きくなる。

　このプルトニウム240は、自発核分裂性物質といって、中性子やその他の粒子の衝突を受けなくても自然に核分裂を起こし中性子を発生させてしまい不完全核爆発を起こすおそれがあって、爆弾にするには7％以下でなければならないことになっている。

　原子力発電所の原子炉では長期間使用しているので、このプルトニウム240が20％程度含まれていて兵器としての爆弾には使えない。

　兵器製造用原子炉、つまり、プルトニウム生産用原子炉では90日間程度核分裂させた燃料を再処理する。かつて、東海村に日本原子力発電㈱の東海第一原子力発電所があった。いわゆるコールダーホール型原子炉を採用した発電所で、この原子炉は黒鉛減速、炭酸ガス冷却であった。燃料には天然ウランを使用していたので燃料棒1本当たりの反応度が低く、運転中に燃料交換しても運転に支障のない構造になっていた。プルトニウム爆弾を作ろうと思えば頻繁に燃料交換すれば可能であった。イギリスではこの原型であるマグノックス原子炉採用の原子力発電所では、すべて発電とプルトニウム生産を兼ねていた二重目的の原子炉であったといわれている。

　しかし、現在、日本ではすべて軽水炉で燃料はウラン235を3〜5％に濃縮した燃料で反応度も高く、運転中に燃料交換を行うことはできない。

　したがって、六ヶ所村の再処理工場から生産されたプルトニウムでは

第2章 核兵器

原爆はできないという状況である。

　使用済み核燃料には燃え残ったウラン235、新たに生成されたプルトニウム239および核分裂生成物（いわゆる死の灰 —— 高レベル放射性廃棄物）が含まれているので、これを再処理してそれぞれ分離する必要がある。

7. 再処理

　再処理とは、原子力発電所で一定期間使用された使用済み核燃料を原子炉から取り出し、使用済み燃料貯蔵プールで一定期間冷却したのち、ウラン、核分裂生成物、プルトニウムの成分ごとに物理的及び化学的処理を施して分離し、新たに燃料成分として生じたウランとプルトニウムを抽出し、再利用することである。

　まず、使用済み燃料棒を細かく切断して硝酸で煮て溶解する。これを灯油に似た油（TBPケロシン）に入れてよくかき混ぜるとウランとプルトニウムは油の中に混ざり、核分裂生成物は硝酸溶液中に取り残され、分離することができる。

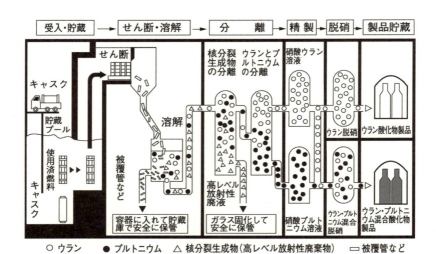

図2-4　再処理施設の概要
「エネ百科　原子力・エネルギー図面集」日本原子力文化財団より

第 2 章　核兵器

　その後、ウランとプルトニウムの化学的性質を変えて硝酸溶液の温度を調節したりしてそれぞれを分離するというわけである。

　ウランとプルトニウムは特性の異なる別の元素であり、化学的性質、物理的性質が異なるので、例えば、ピューレックス法と呼ばれるプルトニウムとウランの溶媒抽出工程では溶媒にケロシン（灯油）で希釈された有機化合物のリン酸トリブチルという化学薬品を使用して分離する。

8. 原子爆弾（原爆）

　ウラン235とプルトニウム239という2つの異なる核分裂性物質が使用される。

　爆発的な核分裂連鎖反応を起こすためにウラン用には砲弾型、また、プルトニウム用には爆縮型が開発された。

ウラン爆弾（砲弾型 — 広島型）

　ウラン235を臨界質量以上で製造してしまうと、たまたま宇宙から飛んできた中性子により核分裂連鎖反応を起こして爆発してしまう可能性があるので、あらかじめ臨界質量以下に分けておいて高性能爆薬で一瞬に臨界質量以上にする砲弾型方式が採用された。

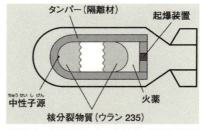

図2-5　砲弾型（広島型）原子爆弾
長崎原爆資料館所蔵

　中央の円筒中には、中性子発生装置（イニシエーター）がセットされている。

　この原理は、次のようなものである。まずベリリウムにアルファ線が吸収されると炭素に壊変され、その際に1個の中性子が発生する。ベリリウム粉末をアルミニウム箔で包んだ物（アルファ線は紙1枚で遮蔽されるのでアルミニウム箔は十分な遮蔽体）とアルファ線を放出するポロニウムを置いておく。高性能爆薬の爆発でアルミニウム箔が破れベリリウムにアルファ線が当たり中性子が放出され、核分裂連鎖反応が起こるという仕組みである。

第2章　核兵器

　核分裂連鎖反応がスタートすると核分裂生成物が猛烈な勢いで飛び散り、ウラン235の塊が膨張したり割れたりすると表面積が増え中性子の漏洩が増加してしまう。そこで比重の大きい天然ウラン（比重19.1）やタングステン（比重19.3）で覆い膨張を防ぐ。これはまた、中性子反射効果があり、中性子を中心部にもどすため臨界質量を小さくすることができる。この物質のことを「タンパー」といっている。

広島の原子爆弾（コードネーム「リトルボーイ：少年」）
　爆撃機：B-29（エノラ・ゲイ）
　長さ：320 cm
　直径：71 cm
　重量：4 t
　エネルギー：TNT火薬換算で約15,000 t（15 kt）
　死者：約14万人（当時の人口：約35万人）

　高性能爆薬でウラン235を臨界量以上に集めたところに、多数の中性子が放出され、ウラン235が中性子を吸収し、核分裂連鎖反応が起き、一瞬にして核爆発を起こすという仕組みである。
　1945（昭和20）年8月6日午前7時9分、気象観測機B-29、1機が飛来し、空襲警報が発令された。しかし、広島上空を通過したため同警報は午前7時31分に解除された。
　一方、四国上空にいた「エノラ・ゲイ」に視界良好の連絡が入り、攻撃対象が広島に決定された。もし視界が悪ければ小倉が対象であった。
　午前8時過ぎB-29、3機が飛来した。空襲警報発令が決定されたが各関係機関への連絡が間に合わなかった。

45

午前8時15分原爆が目視照準で投下された。上空580mで炸裂した。「エノラ・ゲイ」は投下後急速に離脱しないと墜落してしまう恐れがあったために事前に何回も爆撃訓練を積んでいた。

　爆心地の温度は約100万℃、数秒後に火の玉が発生した。火の玉は1万分の1秒後に直径28mとなり、その中心温度は30万℃に達していた。爆発の瞬間熱線、放射線が放射され、空気が膨張し爆風となった。

プルトニウム爆弾（爆縮型 ── 長崎型）

　プルトニウムを用いてウラン爆弾と同じ砲弾型爆弾を作ると自発核分裂するプルトニウム240が混じっているので、爆薬を起爆させて十分に臨界量以上に合体させないうちに自発核分裂で発生した中性子で連鎖反応がスタートしてしまい、一部が核分裂を起こし超臨界に達せず核分裂連鎖反応が終焉してしまう可能性が高い。

　これを防ぐには合体のスピードをかなり上げないといけないが、これを防ぐスピードは技術上不可能である。そこで砲弾型に変わり、爆縮型が採用されることになった。

　未臨界のプルトニウムを高性能爆薬で通常の密度の2倍に圧縮し質量が臨界量を超えるようにした。すなわち、密度を増加し、プルトニウム239をギュウギュウ詰めにすることにより中性子と核反応する確率が大きくなる。密度を2倍にすると臨界半径は半分になり臨界質量は通常密度の4分の1になるので、小型の原爆を作ることができる。

　周囲の爆薬の衝撃波が四方八方に拡散せず、中心部に向かうように凸レンズを使うが、このレンズはガラスで出来たものではなく高性能爆薬で出来た衝撃波レンズである。

　全てのプルトニウムが核分裂を起こした瞬間に爆発することが理想的であり、そのために（ウラン）タンパーと呼ばれている物質で全体を

覆っている。

この物質は①重い物質、②膨張しにくい、③融点が高い、④中性子を反射して中心部に戻す性質の物質ということで、天然ウラン金属が使われている。このウラン・タンパーの利点と欠点は次のとおりである。

▫ 利点
　①タンパーの天然ウランのほとんどはウラン238で、核分裂で生じる高速中性子では核分裂を起こすので、爆弾の威力が増す。
　②短い時間で超臨界を達成できるので、プルトニウム240の自発核分裂から発生する中性子は問題にならない。
　③プルトニウムを圧縮するので、少量で効率よく経済的な兵器である。
　④超臨界を短時間で達成できるので、爆発が立ち消えになることはない。

▫ 欠点
　①周囲の高性能爆薬を対称的に正確に爆発させないと、一部が核分裂しないで飛び散ってしまう。このためプルトニウムは高純度で均一でなければならない。
　②構造が複雑である。
　③精巧な形状に作らなければならない。
　④種々の物質を使っているので膨張率の違いで歪が生じ正しく爆発しないおそれがあり、品質管理を十分に行う必要がある。
　⑤プルトニウムはアルファ線を出し毒性が強いので、周囲を囲った施設で外からゴム手袋で製作するやっかいな作業である。

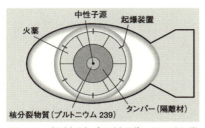

図2-6　爆縮型（長崎型）原子爆弾
長崎原爆資料館所蔵

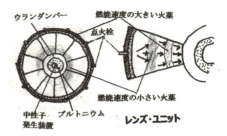

図2-7　爆縮レンズの原理

長崎の原子爆弾（コードネーム「ファットマン：太った男」）

　爆撃機：B-29（ボックスカー）

　長さ：325 cm

　直径：152 cm

　重量：4.5 t

　エネルギー：TNT 火薬換算で約21,000 t（21 kt）

　死者：約7.4万人（当時の人口：約24万人）

　1945年8月9日、当初は小倉が攻撃目標であった。攻撃方法も広島攻撃と同様であった。

　しかし、小倉は視界不良であった。これは前日の八幡市の空襲の残煙のためであり、また八幡製鉄所の従業員が少数敵機北上中の通報で原爆投下を恐れてコールタールを燃やして煙幕を張ったとの話も伝えられている。そのため、急遽目標を長崎に変更した。

　長崎も視界不良であったが「ボックスカー」はレーダー照準により原爆を投下、午前11時2分上空約500 mで炸裂した。

　熱線は爆心地で3,000〜4,000℃、1 km 離れたところで約1,800℃、爆

48

第2章 核兵器

風は1km離れたところで毎秒170mであった。その結果、爆心地から半径2kmの範囲が焼け野原になった。

　長崎型の原爆は、広島の約1.5倍の威力であったにもかかわらず、広島に比べて長崎の被害が少なかったのは、山で囲まれた地形で熱線や爆風が遮断されたためとみられている。

9. 熱核融合爆弾（水爆）

　軽い物質、例えば重水素と三重水素を超高温、超高圧で融合させてヘリウムにすると重水素と三重水素の質量に比べて発生したヘリウムの質量のほうが軽くなっている。

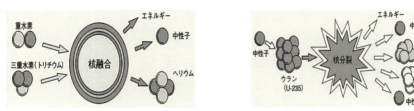

図2-8　核融合（D-T反応）の原理

文部科学省ホームページより

　これは、その差分が原爆と同様に熱線、爆風、放射線等に変換されたということである。
　この水素爆弾の仕組みは、高性能爆薬の爆発⇒原子爆弾の炸裂（ウラン235の核分裂）⇒高温、高圧になると同時に多量の中性子を放出⇒重水素、三重水素の核融合⇒ウラン238の爆発的核分裂（ウラン238は高速中性子で核分裂する）という流れである。
　このようにして、熱核融合爆弾（水爆）は、ほぼ同時に計3回の爆発（ウラン235の核爆発、水素爆弾の爆発、ウラン238の核爆発）により、原爆の何千倍、少なくともヒロシマ原爆の数十～数百倍もの爆発エネルギーがあるといわれている。超高温、超高圧を発生させるのに原子爆弾を起爆装置として用いている。
　ちなみに、1952年のアメリカの水爆実験では、常温では気体である重水素と三重水素を−200℃以下に冷却液化しなければならなかったの

第 2 章　核兵器

で、装置が大型になり、重量は65tもあったために兵器としては使えなかった。

1953年ソ連は重水素とリチウムを化合させた固体の重水素化リチウムを用いた水爆実験に成功した。原爆から発生する中性子によりリチウムはヘリウムと三重水素になる。これにより大幅な小型化に成功した。

1961年に当時のソ連が開発した人類史上最大の水爆「ツァーリ・ボンバ」（核爆弾の帝王）は、

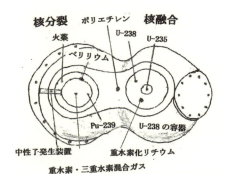

図2-9　水素（熱核融合）爆弾の概要

重量27t、全長8m、直径2m、エネルギー収量50Mt（ヒロシマ原爆は15kt）であった。

当時は偵察衛星が未発達であったので正確な攻撃地点がよくわからず、強力な水爆で周辺を広範囲に吹き飛ばすという発想であったようだ。現在では、大型爆撃機で飛行していけばたちまちにして迎撃ミサイルで撃墜されてしまうことになろう。そのために現在では、ロケットに搭載可能な小型高性能の水爆の開発を進めていると伝えられている。

つい先ごろ（2018年3月1日）、ロシアのプーチン大統領は年次教書演説で大統領選の布石とみられるが、ほぼ無制限の射程距離に核弾頭を運ぶ探知されにくい低空飛行の巡航ミサイル等一連の新たな核兵器を発表した趣であり、北朝鮮の不穏な動きもあり、世界の核軍拡は遺憾ながらますますエスカレートする情勢である。

10. 中性子爆弾（別名：放射線強化爆弾、小型水爆）

　中性子爆弾は、ミサイル用の小型の熱核弾頭の一種であり、1kt以下の超小型原爆を爆発させて重水素化リチウムを核融合爆発させる小型水爆である。

　また、中性子反射材を組み込まずに原爆の3倍の中性子を放射する放射線強化爆弾である。

　爆風、熱線が小さく戦車、建物の被害も小さく、中性子による人間の殺傷だけを目的とした爆弾である。

　中性子爆弾の爆心地から一定の距離をおいた地点での主な被害状況は次のとおりである。

半径100〜200m	戦車、建物破壊、人間即死
半径800m	戦車、建物被害なし。人間の致死放射線量の数十倍になり、数分間で100%死亡
半径1600m	人間は放射線障害者になり、いずれ死亡する者も出る
半径2000m	ほとんど被害がない

中性子爆弾　Q&A

Q1. 中性子はなぜ戦車を貫通するのか？

A.　ガンマ線、X線は原子番号の大きい物質、例えば鉛、鉄で遮蔽することができるが、中性子は電荷をもたないので物理的に止めることになる。

質量が小さいので、中性子をピンポン玉と仮定すると、大きくて重い砲丸（鉄）に当てると跳ね返されてスピードが落ちない。しかし、同じピンポン玉に当てると当てられたピンポン玉が飛んで行って、元のピンポン玉のスピードが落ちる。

したがって、中性子を遮蔽するには原子番号の小さい水、プラスチック等が有効である。

ミクロの世界で原子の目で鉄、鉛を見ると隙間だらけである。

昔、「原子力船むつ」が中性子漏れを起こした際に米にボロンを入れてご飯を炊きおにぎりにして靴下に入れて遮蔽したが、これは米が原子番号の低い化合物で水分もあり、ボロンはスピードの落ちた中性子を吸収したためである。

Q2. 米国はなぜ中性子爆弾の開発を中止したのか？

A. 米国は中性子爆弾に関して、地上約2kmの高さで爆発させほとんど爆風波が生じなかったこと、および、致死量の中性子線が発生したことを確認していたが、1978年になぜ中性子爆弾の開発を中止したのだろうか。この小型戦術中性子爆弾（1〜2kt）を使うと、敵からメガトン級の大型水爆で報復を受ける可能性が高くなる。一説には、対戦相手国同士が互いに中性子爆弾しか使わないとの合意（約束）が得られる見込みがなかったためといわれている。

Q3. 中性子による物質の放射化の影響は？

A. 中性子が空気中の窒素に吸収されると炭素14という放射性物質（半減期5,730年と長い）が増加してしまうことを懸念する学者もいる。しかし、物質に放射線が当たって物質を放射性物質にするのは中性子だけである。私たちがX線撮影しても放射性物質にはならないし、同様に、ジャガイモに強烈なガンマ線を照射して発芽を防止

しても放射性物質にはならない。

Q4. 中性子爆弾の利点と欠点は？

A. 中性子爆弾使用後の残留放射能が低くなるように設計されているので占領地の建物やインフラ設備があまり時間をおかずに使用できる。

他用途であるが、中性子やガンマ線による電磁パルス（EMP）によって弾道ミサイルの制御システム回路を電子的に破壊してしまうので、迎撃ミサイルとしても用いられる。

中性子爆弾は多量のトリチウムを必要とするが半減期が12.3年と短く、定期的にトリチウムの交換が必要になり、維持に多額の費用を要する欠点がある。

第 3 章

核攻撃に対する防護

第3章　核攻撃に対する防護

1．放射線防護

　核兵器の脅威のうち直接的脅威である閃光・熱線、爆風は一瞬で終わる、いわば一過性のものであるが、間接的脅威である放射線の被ばくは長期にわたる影響の可能性が高く、原水爆等核兵器による攻撃の威力を著しく特徴づけるものであるので、最初に放射線防護を取り上げる。

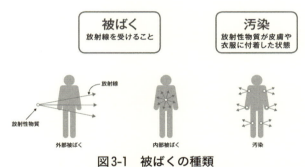

図3-1　被ばくの種類
「エネ百科　原子力・エネルギー図面集」日本原子力文化財団より

　放射線の人体に及ぼす影響については、瞬間的に被ばくした場合（急性被ばく）のほうが、弱い線量を長期間にわたって連続的に被ばくした場合（慢性被ばく）より障害が大きいという事実を踏まえ、必要な対策を講じることが重要である。

　放射線被ばくの態様ないし仕方により、「外部被ばく」と「内部被ばく」に大別される。体表面に放射性同位元素（物質）が付着している状態は、汚染が除去されない限り、外部被ばくが継続することから、とくに「体表面汚染」として取り扱われる。

外部被ばくの防護

　まず外部被ばくを防ぐうえで大切なことは、距離をとる、遮蔽をす

57

る、時間を短くすることであり、これは放射線防護の３原則といわれている。

線源である放射性物質からできるだけ距離をおくことは、放射線の放射線量率が距離の２乗に逆比例して減少するという重要な事実（逆２乗の原則）に基づいている。

遮蔽をするということは、各放射線の物質との相互作用を考慮して、放射線の種類に適した遮蔽材質および厚さで有効な遮蔽を施すことである。遮蔽に関しては、α線、β線などの荷電粒子は物質中の飛程が非常に短く、人体への透過力も弱いので、主として、透過性の強いγ線（X線）や中性子線に対して注意を払う必要がある。α線、β線に対しては、とくに皮膚や目に対する被ばくに注意を要する。

とくに外部被ばく対策で注意を要する中性子線に対する遮蔽については、遮蔽材中の原子核との衝突ごとの中性子エネルギーの損失が大きい

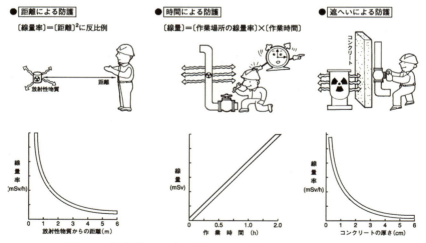

図3-2　放射線から身を守る方法（放射線防護３原則）
「エネ百科　原子力・エネルギー図面集」日本原子力文化財団より

第3章　核攻撃に対する防護

中性子の質量に近い軽元素が適しており、水素含有量の高い水、レジン、コンクリートなどが採用されている（「第1章　6. 放射線の性質（放射線の物質との相互作用）」参照）。

　時間を短くするということは、被ばく線量はその場の空間線量率に時間を乗じた値になるので、当然に時間をできるだけ短縮して被ばく線量を低減させることが重要だということである。

内部被ばくの防護

　内部被ばくは、放射性物質を体内に取り込んでしまった結果発生する体内での組織や臓器の被ばくである。ここでは体外被ばくの防護に重要な3原則（距離をとる、遮蔽をする、時間を短くする）が全く通用しない。

　内部被ばくでは、体内で放射性物質が細胞と密着している状態にあり、距離をとることはできず、遮蔽をすることもできない。

　したがって、外部被ばくではあまり問題とならなかった飛程が短く電離能の大きいα線、β線などの荷電粒子がγ線や中性子線より影響が大きい。

　また、一度体内に吸収、沈着した放射性物質は、人為的に排出することが困難で、被ばく時間を短縮することがほとんど不可能である。

　ヨウ素131は甲状腺、ストロンチウム90は骨、セシウム137は筋肉等、ある種の放射性物質は特定の臓器に集まり障害を起こす。

　体内に取り込まれた放射性物質によっては、物理学的半減期が長くても早く体外に排出される物質もあり、その場合の生物学的影響をより正確に評価するために体内に入った放射性物質の量が半分になる期間を実効半減期として次式で求められている。

59

$$\frac{1}{実効半減期} = \frac{1}{物理的半減期} + \frac{1}{生物学的半減期}$$

　放射性物質は、経口摂取（飲む、食べる）、吸入摂取（吸い込む）および経皮侵入（皮膚の毛穴や創傷からの体内侵入）という3つの経路から体内への侵入が可能であるから、内部被ばくを防止するにはこれら3つの経路から放射性物質を取り込まないようにする必要がある。
　したがって、放射性物質が存在する場所での飲食や喫煙は当然に避ける必要がある。
　放射性物質が空気中に飛散している恐れのある場所では、呼吸保護具（マスク）の着用など防護措置が必要である。
　また、皮膚の露出は避け、ゴム手袋、長袖の衣服の着用や必要に応じて体全体を覆う化学防護服の着用も必要になる。

　なお、非放射性の安定なヨウ化カリウムKIのヨウ素剤が放射線防護材として知られているが、これは放射線を阻止するものではなく、甲状腺をヨウ素で飽和状態にして放射性ヨウ素の取り込みを抑制するものである。空気や水、あるいは、食品にヨウ素が含まれている場合にあらかじめこのヨウ素剤を所持し、摂取することは一時的に有効な措置である。

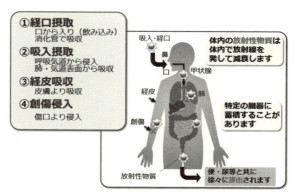

図3-3　体内被ばくの経路と状況
「放射線による健康影響等に関する統一的な基礎資料（平成28年度版）」環境省ホームページより

第 3 章　核攻撃に対する防護

2．核兵器の脅威を踏まえた防護の準備

　繰り返すが、核兵器の脅威は核爆発の時に生じる閃光・熱線、爆風、および、放射線の 3 つの形で膨大なエネルギーを発射する威力にある。

　さらに、大気圏外での核爆発によって発生する電磁パルス（EMP）は、瞬間的に電気回路に大電流を流させ、回路を破損し、電子機器・装置等へ壊滅的な影響を及ぼす脅威として認識されている。

　したがって、核攻撃に対する防護は、核攻撃特有の威力を考慮して通常兵器による攻撃に対する防護以上の措置、対策が必要になる。最終的にはあらかじめ核シェルターを含む防護施設の整備が不可欠である。

　しかし、核攻撃に対抗し得る施設が整備されていたとしても、ある日、道を歩いているとき、あるいは、車を運転しているときなど、戸外で日常活動をしているときに突然に核攻撃に遭遇した場合の応急防護の仕方を心得ておくことは、核攻撃の危険を理解することと同様に極めて重要であり、時としてそれがその人の生死を分ける可能性もある。

メモ1：核爆発のエネルギー放出量とエネルギー配分

➤エネルギー放出量

1945年広島原爆（80％濃縮ウラン235約42kg）：15kt

1945年長崎原爆（高濃縮プルトニウム約6kg）：21kt

1952年に米国が試験した最大の核分裂装置：500kt

1952年に米国が最初に試験した本格熱核融合装置：10Mt

現在はメガトン＊級の核爆発規模になっている。

＊1Mt（メガトン）とは、TNT火薬換算で100万t。

➤エネルギー配分

核爆発のエネルギー分布は、核爆弾の大きさ、爆発高度、爆心地からの距離等によっても変わるが、概ね次のとおりである。

①爆風（衝撃波）　　　　　　40〜50％

②熱、閃光の放射　　　　　　30〜50％

③初期放射線　　　　　　　　5％

④核分裂生成物からの残留放射線　5〜10％

⑤電磁パルス（EMP）効果

第3章　核攻撃に対する防護

3. 核爆発の三大威力
── 閃光・熱線、爆風、放射線

　核爆発の威力は、直接的には閃光・熱線、爆風であり、間接的には放射線 ── 初期放射線、核分裂生成物からの残留放射線と電磁パルス（EMP）効果である。

　まずは利用可能な 5 Mt の核爆発のデータ等に基づき核爆発の主な現象について理解し、防護上のヒントを得ておくことにしよう。

　核爆発後の主な現象が起こる時間的経過は、概ね次のとおりである。

　①0秒〜100万分の1秒：放射線。

　　中性子が放出されあらゆる物質を放射化（放射性物質にする）する。それから多量のガンマ線を放出する。

　②100万分の1秒〜3秒：火の玉出現。

　　爆弾内部の温度が250万℃に達し衝撃波が半径 8 km に広がり、火の玉が出現。

　③3秒〜10秒：衝撃波の広がり。

　　熱線の影響は3秒程度で消え、衝撃波は建物等を破壊していく。

　④10秒〜20分後に火災による「火事嵐」が発生する。

　　30分後に放射性生成物を含んだ「黒い雨」が降り始める。

　　なお、核爆発のエネルギー放出量は、核爆発エネルギーと同じエネルギーを生じるのに必要な TNT 爆薬の量で表す。例えば、TNT 爆薬 1 万 t 相当なら 10 kt、1,000 万 t なら 10 Mt と表す。

63

火の玉 ── 白い閃光

爆発の瞬間大量のエネルギーが放出され、太陽の中心温度と同程度の数百万度になり白熱に輝く「火の玉」のようなものが現れる。すべての物質はガス状になった。100万分の15秒後は直径20mで温度40万℃あったが、周りの空気を吸収して大きくなる。0.2秒後は直径310mに急膨張した。輻射熱と膨張により温度が低下すると同時に上昇した。そして爆風を生んだ。

火の玉の大きさ

1 Mt →直径2,200m、 5 Mt →直径4,500m

10 Mt →直径5,500m、 25 Mt →直径8,000m

爆心地の人間は身体の水分が蒸発し炭化して灰になり爆風で消し飛んでしまった。板壁には兵士と梯子の影が、また、ガスタンクには手前のバルブの影が残された。

核爆発で発生される閃光は、約15秒間続き、太陽よりも明るく強烈で眼を覆わないと一時的盲目状態、あるいは、眼に傷害を起こす恐れがある。

爆発によって発生される熱線は、光速度（毎秒約30万km）で進行し、明らかに人体、とくに露出している皮膚に対する重大な脅威となる。皮膚火傷、眼のくらみ、および、網膜損傷により生じる動作障害や損傷は、爆風や核放射線により生じる被害よりもずっと広範囲に発生する恐れがある。晴天時では衣服等で防護されていない皮膚は、爆心地か

第3章　核攻撃に対する防護

図3-4　欄干の影
広島平和記念資料館提供（米軍撮影）

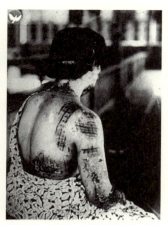

図3-5　着物の柄が皮膚に焼き付いた
広島平和記念資料館提供
（木村権一氏撮影）

ら24kmの範囲まで重火傷を受け、29km先でも火ぶくれ、37km先の範囲で日焼け相当の火傷を受ける。

また、地上より空中の核爆発のほうが熱閃光による重火傷患者が多く発生する恐れがあり、こうした熱閃光による火傷に対しては衣類の着用、光と自分との間に何らかの遮蔽を設けることも一定の防護になる。

熱線（照射量は逆2乗の法則で距離とともに減衰）

爆発の瞬間強烈な閃光と火の玉からの熱線は90％が2秒後までに放出され、3秒程度で消える。閃光は非常に強烈で、直視したら眼をやられてしまう。光の量は爆心地からの距離によるので、一時的な盲目ですむ場合もある。

熱線には可視光線、赤外線、紫外線が含まれており、障害の多くは紫

65

外線による水ぶくれによるもので相当の苦痛を伴う。

　熱線は爆発後100分の1秒から3秒間強い影響を与え、爆心地周辺の地表の温度は3,000〜4,000℃といわれる。

　熱線の放射時間は1ktで0.3秒、10Mtで3秒と短時間である。

　単位面積当たりの熱照射量は距離の2乗に反比例する。例えば距離が2倍になると4分の1になる。距離が10倍になると約100分の1となる。

　熱線による被害の程度は熱線の強さ、爆発時の気候や気象状況によって大きくかわる。

　火傷を起こす距離はおおよそ次のとおりと推定されている。

　1Mt：23km、　5Mt：45km、　25Mt：80km。

　一般に熱線による被害は爆風や1次放射線による被害よりはるかに大きい。

　　①熱線は燃えやすい物を発火させて火災を起こさせる。

　　②同じ布や紙でも白色の物より黒色の物が発火しやすい。

　　③熱線は不透明物質で遮断され、平滑な光沢面で反射される。

　　④熱線の効果は白色の衣服で減少される。

　　⑤衣服は2枚以上着て密着しない方が良い。隙間の空気の存在が火傷を防ぐ。

　　⑥広島、長崎の死者の50％以上が火傷によるものとされている。

　ちなみに、熱線は、温度が高くても照射時間が短いので爆心地から離れた場所での新聞紙は発火せず黒文字の部分だけ抜けていた。プラスチックや厚い物質は焦げるだけであったといわれている。

　なお、民間防衛が徹底しているスイスでは、連邦政府がカーテンの色は白色とし、家の周囲には枯れ草、干し草等は置かないよう指導してい

第3章　核攻撃に対する防護

るようである。

爆風

　核爆発直後の中心部は数十万気圧もあり、周囲の空気を熱しながら押し広げるために爆風が生じる。爆風の影響は核兵器のエネルギー収量、爆心高度、距離範囲、天候等により異なるが、爆風は基本的に熱閃光よりもゆっくりと進行し、例えば5Mtの核爆発の場合、爆発中心地から16km離れたところに爆風波が届くまでに約35秒かかるので、戸外にいた場合にはこの時間が防護物を見つけるのに役に立つ可能性がある。

　低空爆発が最も起こり得る可能性の高いシナリオであるが、爆風は一般的に地表、ないしは、地上におけるほとんどの種類の建物、土木構築物等に対して最も顕著な形で広範囲にわたる損害を与える。5Mtの爆発からの爆風は24kmも離れている人々に傷害を与える。

　ちなみに、5Mtの爆発が爆発中心地からの距離により建物に与える損害の程度は、次のとおりである。

4.8km	全壊
8.0km	修理不能の損害
8.0〜16.0km	住めるようにするまでに大修理が必要
16〜24km	軽い損害〜中程度の損害。修理中も居住可能

　上記の距離による損害の程度は、兵器収量や建物の頑丈さにもよるが、基本的には兵器収量の増加に伴い距離範囲も増大する。

67

爆風の破壊力は立方根 $\sqrt[3]{}$ の法則に従う！

　爆発による巨大な圧力が強風を生じる。空中爆発から爆風が大地に衝突して反射される。反射された爆風も本来の爆風に加わり2倍の圧力となる（マッハ効果）。次に中心部は真空となり、逆方向に爆風が吹く。

　破壊力は「立方根の法則」に従う。すなわち、10 Mt 原爆は20 kt 原爆の500倍のエネルギーを放出するが、爆風強度は500の立方根7.99……で、約8倍である。同様に1 Mt 原爆は1 kt 原爆の1,000倍であるが爆風圧力は1,000の立方根で約10倍である。

第3章 核攻撃に対する防護

メモ2：爆風のあれこれ

➤マッハ波（衝撃波）の形成

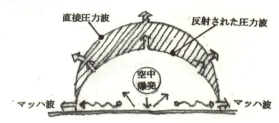

➤爆風の持続時間は短い！
爆心地から、
　10km：2～6秒、16km：4～8秒、32km：5～11秒、
　50km：9～14秒

➤爆風圧の速度と風圧は
　5Mt ── 爆心地から8kmで風速は70m/秒（風圧は11t/m^2）。
これは80kgの人間を8mも吹き飛ばす威力に相当する。

➤広島原爆の場合
　爆発点は、数十万気圧となり空気が大膨張して爆風となった。
　爆心地から、
　　300m　　　鉄橋の床面が横に移動した
　　500m　　　鉄骨構造物が潰れた
　　800m　　　鉄筋コンクリートが完全破壊された
　　2,000m　　2階以上のレンガ造りの建物が大破した
　　2,300m　　木造建物が倒壊した

3,200 m　　木造建物は修理すれば使用可能

　なお、爆心地の風速は、440 m/秒（台風の10倍）と推定された。
　また、衝撃波は音の速度よりやや速く「ピカ」と「ドン」の間に時間差があった。この時間差は、おおよそ次のとおりであったが、身を守るにはこの時間差を最大限活用することが重要である。
　10 km：20〜30秒、16 km：40〜50秒。

図3-6　爆風で破壊された建物
広島平和記念資料館提供（米軍撮影）

➤爆風が建物に及ぼす被害
　5 Mtの場合、木造の建物は20 km離れていても外壁はひび割れ、屋根は大破損をうけ室内の間仕切りが吹き倒された。被害をうけない範囲は50〜70 km離れたところである。

第3章　核攻撃に対する防護

キノコ雲

　0.5秒後に火の玉は急上昇し冷却され小さくなり始める。1秒後の直径は280m、火の玉は太陽の表面温度以上であるため建物等を気化して取り込み、また、水蒸気も含んで上昇していくと徐々に冷却されていく。
　これがキノコの柄の部分でさらに上昇していくと、周囲の気圧が低くなり広がり始め、大気の空気抵抗によって上部が横におされて平らになる。大気密度と同じ高さになると広がっていきやがて消える。

図3-7　広島原爆のキノコ雲
広島平和記念資料館提供（米軍撮影）

放射線

　原爆は、爆発と同時かまたは1分以内に出る初期放射線（1次放射線）と、その後初期放射線のうちの中性子線によって放射化された放射性物質から出る残留放射線を発生させる。初期放射線はウランやプルト

ニウムといった核分裂性物質の核分裂によって生じた分裂片、すなわち、核分裂生成物から発生するガンマ線と核分裂によって一気に発生する中性子からなる中性子線である。放出された放射線の90％以上はガンマ線で、残りの10％が中性子線である。

　初期放射線は、逆2乗$1/x^2$の法則に従って、距離の2乗に反比例して減衰するので、爆心地からかなりの遠方ではほとんど影響はない。

　広島原爆の場合は、次のとおりであった。

爆心地	ガンマ線	123 Sv
	中性子	35 Sv
500 m	ガンマ線	35 Sv
	中性子	6.4 Sv
1 km		即死＊
3 km		約0.001 Sv

爆心地から200 m 離れる毎に被ばく線量は半分になる。
　＊人間の致死線量約4 Svで1カ月以内に50％死亡、約8 Svで100％死亡。

　放射線の強度を半分にする遮蔽物の厚さを半価層というが、ガンマ線に対する主な遮蔽材の半価層は次のとおりである。

　鉄：4 cm、鉛：2 cm、コンクリート：15 cm、土：20 cm、
　水：33 cm、木材：60 cm

　ガンマ線も中性子線も大きなエネルギーをもち極めて透過力の強い放射線であり、人が被ばくすれば身体に大きな障害を及ぼす恐れはある

が、放出時間はわずか数秒間であり、爆心地から離れるにつれて放射線の量は距離の2乗で逆比例して減っていく。

人体が受けた放射線の量はシーベルト（Sv）という国際単位系で示されるが、50 mSv（ミリシーベルト＝1/1,000 Sv）以下なら危険はないといわれている。1回の放射線量が1 Sv、すなわち、1,000 mSv以下なら人体への害はまだ少ないと見込まれるが、4 Sv＝4,000 mSvになると半致死線量といわれ放射線を浴びた人の半数が死亡する。さらに8 Sv＝8,000 mSvを超えれば全員が死亡する。膨大な量の放射線を被ばくすると即時的な身体影響として放射線宿酔（吐き気、脱毛、出血、疲労等の症状）を起こすほか、生殖機能にも重大な障害を起こす。

厚生労働省の初期放射線の調査によると、広島および長崎では、それぞれ爆心地から3.25 km付近および3.5 km付近で1.0 mSvにまで減少し、これより遠距離においては日常生活で受ける放射線よりも少なかったとして距離による放射線防護効果の大きいことが確認されている。

500 kt原子爆弾が爆発した場合に生ずる初期放射線によって人体が受ける放射線量は図3-8のとおりである。

一方、残留放射線は初期放射線のうち中性子によって放射化された土や建物の中の建築資材の放射性物質から出る放射線である。このようにして発生した放射性物質の一部は、爆発で舞い上がった土や破片に付着して放射性降下物（フォールアウト）として風向きや風速によって数百～数千平方キロメートルに及ぶ広範囲の地域に降下し、地表を汚染する。ごく小さい放射性の塵は数カ月の長期にわたりはるか上空に浮遊し、雨とともに降下して地表を汚染する。

残留放射線は、すべての残留放射線の量を100とすると、爆発後24時間で約80％が出て時間の経過とともに急速に減少するが、危険な水準の残留放射線の影響は、爆発から最大数週間程度とみられる。

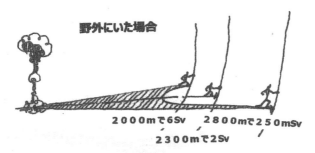
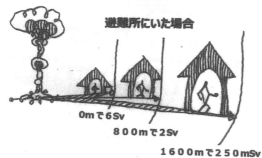

図3-8　500ktの原爆による放射線量

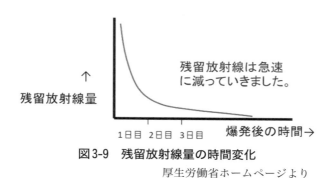

図3-9　残留放射線量の時間変化

厚生労働省ホームページより

電磁パルス（EMP: electromagnetic pulse）

　核爆発で生じたガンマ線が空気中の窒素、酸素等と衝突して、電子がはじき飛ばされ（コンプトン効果）、電磁パルスを発生する。これが地磁気に引き寄せられ電圧5万Vの大電流となり送電線に入り込むと、発電、変電施設は焼け落ちてしまい、パソコン、スマートフォンも破壊されてしまう恐れがある。

　爆発点が高度400kmでは、死傷者も建物の破壊も発生しないが、電磁パルスの影響は、半径2,200kmにおよび全米規模の影響が出る恐れがある。

　1962年米国が北太平洋上空400kmで核実験したところ1,400km離れたハワイで停電が発生した。

　したがって、日本の上空100kmで広島級原爆が爆発したと仮定すると、日本全土に影響が出ると推測される。

　カミナリで電気製品が壊れるのと同様の影響が出るといわれている。

　余談になるが、1976年に旧ソ連のベレンコ中尉がミグ25迎撃戦闘機で函館に亡命してきた。同機には真空管を用いた電子機器が搭載されていた。

　当時は、その時代遅れなことに驚愕したがその後、電磁パルス攻撃には真空管のほうがIC集積回路よりダメージが少ないのではないかと考えられた。

核分裂生成物フォールアウト（死の灰）

　核分裂で2つに割れて出来た核種を核分裂生成物という。二等分になることはなく質量数は一方が95程度、他方が140程度になるケースが多

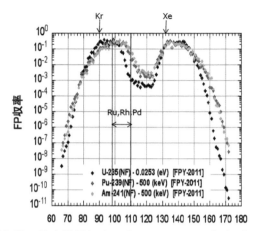

図3-10 熱中性子によるウラン233、235およびプルトニウム239の核分裂収率

文部科学省ホームページより

い。どの核種になるかは確率で決まり、これを核分裂収率という。

　ウラン235とプルトニウム239は異なる収率分布を持っているので核分裂生成物を分析すれば爆弾の種類がわかる。爆心地の初期の核分裂生成物による放射線は毎時300Svであるが、半減期の短い放射性核種の放射能の減衰により時間とともに指数関数的に急速に減衰する。
　原爆の翌日から1週間作業した者の被ばく線量は広島で約0.1Sv、長崎で約0.3〜0.4Svと推定された。
　したがって、爆心地でも3〜5週間後に立ち入っても安全である。
　一部の微細な核分裂生成物は成層圏まで上昇し気流によって拡散し世界規模のフォールアウトとなる。とくに次の核種のベータ線、ガンマ線による内部被ばくが問題となる。
　半減期約28年のストロンチウム90は、カルシウムとよく似た性質を

持っており骨に蓄積する。骨の中にある骨髄は血液を作る器官であるので、血液の癌である白血病や骨癌を発症する恐れがある。

半減期約30年のセシウム137はカリウムやナトリウムと似た性質を持っており筋肉に蓄積する。癌発症や白血球減少の恐れがある。

半減期約8日のヨウ素131は甲状腺ホルモンを合成する物質で甲状腺に蓄積するので、主に新陳代謝の大きい子どもの甲状腺癌に注意が必要となる。

核分裂生成物からの放射線は初期放射線よりエネルギーが小さく遮蔽厚も小さい。主な遮蔽材の遮蔽厚（半価層）は、以下のとおりである。

　　　鉄：1.8cm、コンクリート：5.5cm、土：8cm、水：9cm

これも余談になるが、1954年に米国のビキニ環礁における水爆実験で核分裂生成物を浴びた遠洋マグロ漁船第五福竜丸の無線長久保山愛吉さんがその半年後に死亡した。死因は当初、死の灰による放射線障害といわれていたが、血液感染で肝炎になった疑いが強く、死因は重度の肝機能障害とされている。

これは当時の輸血用血液の多くが生活費を稼ぐ売血（いわゆる黄色い血液）によって集められたものであったことに起因しているとみられる。その頃に輸血を受けた者の多くが肝炎に感染した。これをきっかけに売血廃止となり、現在の日赤による献血制度になった。

久保山さんの場合は、乗組員全員が同じ環境で生活していて久保山さんだけ早期に死亡したことから放射線障害が直接の原因ではなく、死因は重度の肝機能障害と推定された。

黒い雨

　広島では爆発から20〜30分後に、キノコ雲の傘の部分が膨張するうちに温度と気圧が下がり空気中の泥、すす、放射性生成物を核として水蒸気が大粒の黒い雨となって降った。

　爆心地から11〜19kmは大雨、15〜29kmの範囲では小雨であったが、約1〜2時間後にやんだ。この雨は放射性生成物を多量に含んでおり、雨に濡れた者は脱毛、歯茎からの出血、血便、急性白血病等の急性放射線障害になった。

　川は汚染され、大量の魚が死んで浮き上がった。

　また、この黒い雨水やこれによって汚染された井戸水を飲んだ多くの人達は下痢になったといわれている。

　この黒い雨との関連で、1980年代後半に一部の研究者から「核の冬（nuclear winter）」と呼ばれた核爆発の影響による地球寒冷化の予測が議論を呼んだことがある。

　その予測は概ね次のような内容であった。

　　核兵器の使用で大気中に浮遊する微粒子が増加したり、爆風によって煤塵が発生したり、さらには高熱による森林その他の可燃物の火災等によって巻き上げられた灰や煙等の微粒子の数年に及ぶ浮遊により太陽光線が遮られ、大気の温度が下がり、地球規模で寒冷化が起こる恐れがある。

　　海洋植物プランクトンが死滅し、植物も光合成が行えず枯れてしまう。

　　それを食料とする人間を含む動物も飢えて死ぬ。

このような状況が、「核の冬」と呼ばれ、深刻な気候変動とその影響

第3章 核攻撃に対する防護

による農業生産の低下が懸念されたが、科学者の間では、大量降雨等の気象上の効果を十分に考慮していない等の批判もあり、まだ見解の一致は見られていない。

図3-11　黒い雨
広島平和記念資料館提供（林重男氏撮影）

4. 戸外での応急防護

　核爆発の三大現象である閃光・熱線、爆風、および、放射線の威力、あるいは、効果について認識したので、ここで、ある日、道を歩いているとき、あるいは、車を運転しているときなど、戸外で日常活動をしているときに突然に核攻撃に遭遇した場合の適切な応急防護について確認し、いざというときのために準備をしておこう。もちろん、ここでいう戸外は、核爆発の直撃を受けない爆心地から一定の距離にある地点の場所である。もしも核爆発の直撃を受けたら地下に適切に準備された核シェルター内にとどまる以外には身を守ることは極めて困難であろう。

ステップ1：熱線・爆風対策

　戸外で空襲警報を耳にしたり、核爆発の閃光（ピカッ）などの影響を察知したりしたら、直ちに物陰に隠れるのが第一の応急防護対策である。

　熱線や爆風が到達するまでの30秒〜1分の間に直ちに身を隠せる場所、例えば、建物、地下鉄駅の構内、トンネル、暗渠（地下に設けた水路）、大きな露出岩などの遮蔽物の陰、地面のくぼみ、あるいは、運転していた自動車等が付近にあれば、その中に入るか、背後に身を隠して、なるべく熱線や爆風を受けないようにすることが大事である。

　付近にそういったものが何も見当たらない場合には、その場で地面に横になってうずくまり、腕や手で頭を覆い、襲ってくる熱線や爆風が過ぎ去るまでじっとしている。

　また、その際に、熱線から火傷を防ぐために衣類で頭や露出部を覆うことも応急防護として有効である。

第3章　核攻撃に対する防護

　いずれにしても、この時点では、熱線に焼かれないこと、爆風で吹き飛ばされないこと、飛んでくるものに打ち当てられないことが重要である。

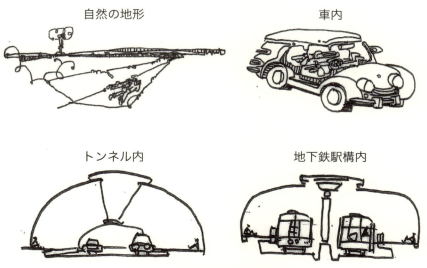

図3-12　緊急に身を隠す場所

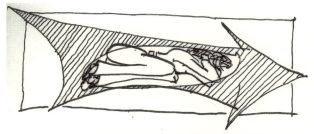

図3-13　地面に横になる緊急防護姿勢

81

ステップ２：フォールアウト対策

　次は、爆風がやんで、１時間後くらいから核爆発特有の放射性降下物（フォールアウト）が降り始めるので、それまでに、この残留放射線（２次放射線）による被ばくを避けられる公共の避難施設、堅牢な地下街、地下構造物を有する建物、利用可能であれば地下に設置されている核／フォールアウト専用シェルターなどへ速やかに避難して放射線被ばくから身を守ることが重要になる。

　残留放射線は、どんな物質でも初期放射線よりもはるかに効果的に弱めることができ、例えば、厚さ１ｍの天井や壁などのコンクリート遮蔽は、元の放射線量が10,000分の１に、また、土でも5,000分の１に弱まるといわれている（図3-14）。
　ちなみに、広島では原爆の爆心地近くでも地下１階にいた人は生き残ることができ、その後人生を全うして戦後30年も存命であったと伝えられている。この点、地下構造物は放射線防護上優れて有効であるといえる。

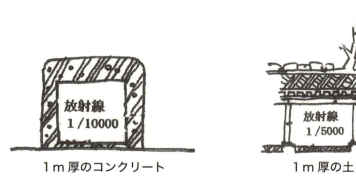

図3-14　コンクリートおよび土の遮蔽効果

第3章　核攻撃に対する防護

　しかし、公共のシェルターや核シェルターが利用できない場合は、自宅にとどまらなければならない。その場合には、残留放射線をできるだけ浴びないように、また、フォールアウトで汚染された飲用水や食物等を体内に取り込まないように工夫、努力することが重要である。

　とくに、フォールアウトや粉じんに含まれる核分裂生成物その他の有害物質をできるだけ体内に取り込まないようにすることが最も重要であり近時、99.97％という高い粒子捕集効率で0.3μm（マイクロメートル）の放射性生成物の塵の吸入を防ぐ高性能フィルタ（HEPA）採用の防じんマスクが注目されている。このフィルタは、最も吸着が難しいといわれている粒子サイズ0.3μm以下の粒子はブラウン運動を利用してメッシュに吸着させ、それより大きい粒子はメッシュを通過できないように工夫が施されているようである。付録Aにこの防じんマスクの代表例を掲載した。

　さて、避難生活に入る前に、爆発が比較的に近い場所で起きた場合には、フォールアウトを身体に受けたものと考えて、着用していた衣服を脱ぎ捨てるとともに、身体の露出していた部分を徹底的に洗い落とすかシャワーを浴びて除染する必要がある。

　いずれにしても核爆発後は、シェルター施設、ないしは、シェルター化した自宅や建物にとどまって、ラジオ、テレビ等公共放送に注意して、残留放射線を浴びないように戸外にはできるだけ出ないようにする等、より安全な方法で行動することが重要である。そのためにも公共用シェルターの普及と並行して、できる限り自宅のシェルター化（ホームシェルター）対策を講じておくことが重要である。

　放射線の強さは、図3-15のとおり、時間がたつにつれて、初めは急速に、それから緩やかに減っていく。したがって、爆発後時間がたてばたつほど、長時間シェルター等から外に出ていても有害な放射線を受けないで済むようになる。

83

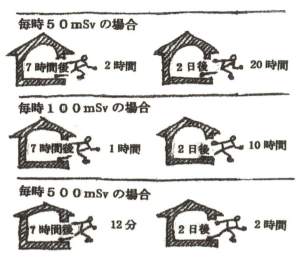

図3-15 核爆発1時間後の放射線量率と許容外出時間との関係

7の法則

　核爆発後の時間が7倍経過するごとに死の灰からの放射線量は10分の1に減少する。

　　7時間後　　　　　　　　　　　　　　　　10分の1
　　約2日後（49時間 ── 7×7）　　　　　　 100分の1
　　約2週間後（343時間 ── 7×7×7）　　　1000分の1

に減少する。
　1日の放射線被ばく許容線量を10mSvと仮定した場合の許容外出時間を図3-15に示す。

第3章　核攻撃に対する防護

　避難期間は、放射性物質による汚染（残留放射線の線量）の程度にもよるが、2、3日から2週間程度と考えられる。

　この避難期間中の生活対策が必要になる。従来の防災対策に放射線被ばく対策を加えた対策を準備することが大事である。何日も何週間も放射性物質による汚染を受けない備蓄品だけで生活できるように準備しておく必要がある。その他の備蓄品については、**メモ3～4**のリストが参考になろう。

メモ3：飲料水と食料

➤飲料水

飲料水は、1人1日当たり2.2L必要であり、長期保存の利くペットボトル入りのもの、あるいは、事前に水道水を清潔な入れ物に保存して、時々新しく取り換えたものを使うようにする。

➤災害時に役立つ簡易浄水法（手作り簡易浄水装置）

核攻撃に伴うフォールアウト（死の灰）対策のうち、飲料用の水、防じんマスク、および、汚染されていない食料の確保は最も重要である。

とくに水は、人が生きるのに必要不可欠である。水は「飲む」という最低限の用途のほかに顔や手を洗うことやトイレにも必要になる。

以下に有事の際、生活になくてはならない水を身の回りにあるものだけで作る簡易浄水法 —— ペットボトル浄水器を示す。

▫ 用意するもの

汚染水、空のペットボトル（1.5～2L）、粒状または細かく砕いた活性炭（300～500g）、ティッシュまたはガーゼ（布切れ）、小石、砂、丸はし1本、吊り紐（40～50cm）など。この中では活性炭の効果が最も重要である。

□作り方
① 空のペットボトルのキャップに５つのじょうろ様の小穴をあける。
② ペットボトルの底をカッターナイフなどで切り取り、小穴をあけたキャップを閉めておく。
③ ペットボトルを逆さにし、ティッシュ、小石、砂利、活性炭、砂、布の順に詰めていく。
④ 後はろ過した水の細菌を鍋などで沸騰処理（煮沸して処理）する。

参考例は右図のとおり。

➤食料

14日分の食料を蓄える。冷たいままで食べられるもの、鮮度を保てるもの、缶詰や包装のしっかりしているものを選択する。飽きることのないようにバラエティーに富んだ食料を準備する。砂糖、各種ジャム、その他甘いもの、オートミール、コーンフレーク等穀類食物、ビスケット、肉類、野菜、果物と果物ジュースなど。子どもには、缶ミルクや粉ミルク、乳幼児には普段食べさせているものを確保する。

メモ４：その他備品

➢ 携帯ラジオ、TV、予備電池

➢ 缶切り、栓抜き、ナイフ、皿など

➢ 暖かい衣類

第3章　核攻撃に対する防護

メモ5：救急手当て

　シェルター等へ避難する前に核爆発で放出される熱線による火傷や爆風で破壊された建物の飛び散った破片、その他の原因で怪我を負った場合には、それらの影響を最小限にとどめ、感染症の予防と苦痛の緩和に努めることが最も大事である。

　以下に参考として、火傷と怪我の救急手当ての要点を記す。

➢火傷

　☆火傷はよくある怪我である。火傷の程度やレベルによって適切な処置をする必要がある。相当の重症の場合は、直ちに最寄りの医療機関の救急治療に委ねるべきである。以下は、それ以下の火傷レベルに対する救急手当てである。

　☆基本的には日常生活での火傷の手当てと同様でまず、患部を流水で10分から15分間冷やし、火傷による痛みと火傷の悪化を防ぐ。

　　ただし、冷えすぎた水は患部周辺の皮膚を損傷する恐れがあり、また、極めて高温の熱に当たった後に超低温で冷やすと逆に温度差によるショックで治癒を遅らせることになりかねないので注意する。

　☆次に腫れた患部の皮膚を締め付ける可能性のあるきつい服やウエストベルト、腕時計、指輪、ブレスレット等装飾品等はすべて外し、患部への血流の改善を図る。

　☆それから火傷部分を石鹸や水で洗って清潔にし、水ぶくれが破れているとか、あるいは、皮膚に損傷がある場合は、抗生物質入りの軟膏、または、皮膚の鎮静作用があるアロエローションなどを塗る。水ぶくれがつぶれていない場合は水ぶくれ自体が感染を予防するので抗生物質入り軟膏を塗る必要はない。軟膏やアロエローションを

89

塗るのは、包帯が皮膚に貼りつくのをふせぐ効果がある。

☆以上の処置をした後、火傷部分を大きめの厚い乾いた包帯（10 × 10 cm 程度の大きめの殺菌包帯）でおおい、しっかり包帯をする。負傷者には多量の水、液体類を飲むようにすすめる。

☆また、食塩とソーダの溶液は、火傷の負傷者やひどい出血のある人に飲用として有効である。

☆痛みがひどいときはアスピリン等の市販の鎮痛剤を服用し対処する。

➤骨折（挫傷）

手足が使えないほど痛み、その部分が曲がっているように見える場合、あるいは負傷者が骨の折れるような音を聞いた場合、または感じたという場合は、骨折の恐れがあるので、骨折したと思われる手足は、動かさないように当て板、包帯（つり包帯として三角包帯を使用）等で固定し支えるようにする。

背または首がひどい怪我をしていて手足を動かすことができない場合は背骨の骨折が疑われるので、頭が動かないように当て物を詰めて支えるとともに、迅速に医療施設の救急治療を依頼する。

➤怪我、擦り傷等

切り傷がある場合は、防腐剤・マイルドな溶液で切り傷を消毒し、殺菌包帯、各種サイズの組み合わせの粘着包帯（ばんそうこう）で手当てする。

第3章　核攻撃に対する防護

5. 核シェルターの性能等要件

　一般的にシェルター（避難施設）は、ホームシェルターにしろ、公共のシェルターにしろ、地震、津波、火災などの自然災害、その他化学工場や有害物質を取り扱う事業所での事故など種々の大規模災害に備えるために一定の要件を満たすべく準備されていると考えられる。

　現在のところ、最も過酷な災害を引き起こすのは核攻撃による核爆発であろう。核攻撃を想定した核シェルターは、衝撃波、爆風、高熱、放射線といった核爆発の脅威を減少させ、人の身を守ることを目的として設計、建設されるべきものであり、さらに厳しい一定の性能要件を満たしていなければならない。

　とくに重要な要件は下記の3点と考えられる。

　広島、長崎への原爆投下を含め過去の経験等からは基本的に核シェルターは、核爆発の脅威を減少させるうえで、地表よりも地下に設置するほうがより効果的とされている。つまり、地下に設置することにより、土および鉄筋コンクリート構造物が、地震動（揺れ）、高熱、および、放射線透過力の減弱に一層有効であるという理由である。

　ちなみに、一般的に地下の揺れは地表の約3分の1以下であり、残留放射線（2次放射線）はすでに述べたとおり、効果的に弱めることができる。

　例えば、厚さ1mのコンクリートで10,000分の1、また、1mの土で5,000分の1に弱められるとされている。このことは地下室にいた原爆被災者の生存記録でも明らかである。

　次に、核シェルター内に設置される空気清浄機は最も重要な役割を果たす設備である。放射性物質をはじめ、有害物質を除去し人の健康維持に必要な安全な空気を供給することが常識とされており、現在世界で知

91

られている有害物質の99.995％以上ろ過する能力を発揮することが期待
されている。

　最後は、熱と衝撃、および、水からシェルター内部を保護すべく、と
くに、水が浸入しない密閉度が必要とされる。

6. 核シェルターの概念

緊急用ホームシェルター

　まず、地階、床下空間がない場合には、外側壁や屋根から一番離れた場所に机や家具、その他で覆い囲み、小さな緊急用シェルターを作る。

図3-16　地階、床下空間がない場合の緊急用ホームシェルター

　次に、地下空間がある場合には、図3-17のように地階への出入り口から一番離れた片隅に机や家具、その他で覆い囲み、緊急用シェルターを作る。土、砂、レンガ、コンクリートブロック、雪などの材料が確保できる場合は、それらを地階の地上の外壁にもりあげて遮蔽とする。

図3-17　地下空間がある場合の緊急用ホームシェルター

常設のホームシェルター

次は「5．核シェルターの性能等要件」で述べた核シェルターとしての性能要件を満たす地下埋設型のホームシェルターの概要を示す。

庭に設けたベランダの下に製作キットをくみ上げる程度の4～5人用の簡易型（販売価格約210万円）から、空いている広い土地の地下を利用した5～10人用の本格的な常設シェルターまで設計されており、米国の地下シェルターメーカーのライジング・S社では50人以上宿泊可能でボウリング場も設置されている大規模常設シェルター（総工費約9億4千万円）の建設実績があるといわれている。

実際に日本で取り扱われている、あるいは、販売、施工されているホームシェルターについては、**付録B**にホームシェルターの代表例として参考画像を掲載した。

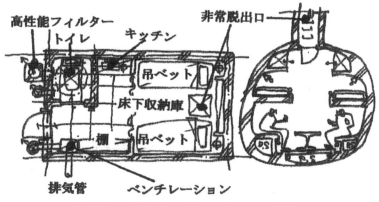

図3-18　本格的ホームシェルターの平面図

第3章　核攻撃に対する防護

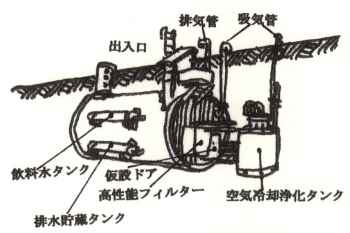

図3-19　本格的ホームシェルターの概要

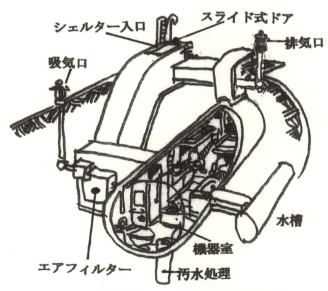

図3-20　多層鋼製ホームシェルターの概要

7. 核シェルターの早急な整備

　戸外での応急防護は不測の事態に遭遇した際にやむを得ずとる措置である。せっかく一時的な応急防護措置で何とか身の危険を回避することができたとしても、その後の防護措置なり対策が十分でないと生き延びることも困難になる恐れがある。

　自宅にフォールアウトの侵入を防ぐために家具や適当な材料で遮蔽を施したり、簡易遮断室を設けたり、窓やドアからなるべく離れたところに机や家具で囲った穴倉風の場所を確保する、あるいは、自宅内、敷地内の庭の上、または、地下にホームシェルターを設置する等の措置も相当有効と思われるが、やはり2週間以上の長期にわたるフォールアウト下での生活に耐えるには用意周到に準備された核シェルターの確保が必要であろう。

　しかし、そのような性能要件を満たす核シェルターの設置は、一定の広さの空間、あるいは、土地が必要であり、また、費用もコンテナ型の簡易型のものでも200万〜300万円かかり、さらに安全な構造のものになると1千万円以上になり、ごく限られた一部の高所得者以外、各家庭、ないしは、個人が簡単に確保するというわけにはいかない。

　しかし、発想の転換と公的な税制等のバックアップ（税優遇措置、助成金支給等）が得られれば、わが国でも戸建て住宅の地階にシェルタールーム完備の新築のわが家を合理的な価格で確保することも可能になろう。発想の転換は、まず、シェルタールームの利用法をもっと柔軟に考えることである。特別な非常用の災害対応ルームとしてとらえずに、書斎とか音楽ルームとかトレーニングルーム、あるいは、スイスのようにワインセラー等、趣味やくつろぎの一室として日常的に利用することで、コストベネフィットの便益が一段と高まるものと考えられる。

第3章　核攻撃に対する防護

　仮に5〜6人収容可能なシェルターを設置するとして、上物の通常の住宅部分をなるべく簡素に抑えて、シェルターの設計建設にも実績を有する優良な建築設計事務所を見つけることができ、また、公的バックアップが得られれば、結構納得の行く形でシェルター完備の住宅を持つことも夢ではないように思われる。

　したがって、こういった現状を踏まえ、国、地方自治体、企業等、官民一体となって国を挙げて核シェルターの早急な整備に取り組むのが現実的であろう。

8. 公共核シェルターの整備・拡充の緊急性

　最近は北朝鮮が核実験と大陸間弾道ミサイル（ICBM）の発射実験を行い東アジア情勢が緊迫の度を深めている。とりわけ北朝鮮が日本を射程範囲とするミサイルをすでに200〜300発も保有しているといわれている状況では、公共の核シェルターの十分な確保・整備が一層急務となってきたといえる。

　世界的に見ると人口対比で表した核シェルターの普及率は、スイス、イスラエルの100％に次ぎ、フィンランドおよびノルウェー98％、アメリカ82％、ロシア78％、イギリス67％、シンガポール54％を確保しているが日本はわずかに0.02％（以上、日本核シェルター協会等調べ）である。北朝鮮と対峙する隣国の韓国ソウル市では北朝鮮と同様に地下鉄構内を中心にシェルター対策が施されており、これが急速に核シェルターを普及させた大きな要因になっているようである。性能、堅牢さはともかく、すでに人口の3倍に当たる300％の普及率といわれている。

　ちなみに、普及率（保有率）は総人口に対する収容可能人数で算定し、また収容可能人数は1人当たりの必要面積に人数を乗じた数値で表す。したがって、より面積の大きなシェルターを作れば、それだけ保有率の増加に寄与することになる。

　各国とも事実上の核兵器国が増加する機運が高まっている今日、いつ核攻撃を受けるかわからず、また、直接の攻撃対象にならないまでも核攻撃の余波、あるいは、影響を想定して、準備しないよりはあらかじめ準備しておくことに越したことはないとの考えから、より安心、より安全を求める現実的な国の守り方、あるいは、民間防衛を背景とした自主的防衛対策（自衛）を進めている。

　公共の核シェルターの整備・拡充に関する意見は核兵器や核攻撃の脅

第3章 核攻撃に対する防護

威に対する認識の違いにより様々な意見がみられる。

例えば、北朝鮮の日本に対する核攻撃の可能性に関しても、日本は現行の平和憲法で唯一戦争の放棄を鮮明にしており、また、核を作らず、持たず、持ち込ませずとの非核三原則も宣言しているから他国から攻撃されるわけがないとする世界の非常識ともいえる意見を主張してはばからない人が結構多い。これとは結論はかなり近いが同盟国の米国と日本国との間で取り交わされている日米安全保障条約によっていざというときは米国の核の傘の下にあるから核攻撃を受けるとは考えられないという否定的意見も多い。どちらも、事実上の核兵器国からの核攻撃は確たる根拠なしに想定外としている点で結論的に似通っている。

したがって、核シェルターの整備の必要性に関しても、北朝鮮による核攻撃を想定内にしているためであり、それを想定外にすれば全く不要との指摘がある。

ホームシェルターの普及に関しても、核攻撃に対する恐怖心や危機感の薄さが一因と思われるが、高価な設置費用に対する効果が現実的でないと感じているのだろう。高価なシェルターは高所得の一部の金持ちが勝手に購入すればよい、多くの一般国民に購入準備せよというのは無理な話といった反応である。

しかしながら、核攻撃に対する備えは、核攻撃を受けてしまってからではその脅威の大きさから遅きに失することは明白である。いつ起きるか予測不可能であるので、できることから国も地方も、官も民も、個人も企業等組織も核シェルターの普及・促進に所要の準備を進めておくことが極めて重要である。

スイス、イスラエル、北欧などでは核シェルターの設置が法的に義務付けられていることから100％近い普及率になっているのは当然であるが、義務付けられていない米国で核シェルターの保有率が80％以上と高いのは、おそらく2001年9月11日の同時多発テロ以降米国民の間に

99

恐怖心が高まったこと、また、核シェルター需要に伴う核シェルター販売ビジネスの増加によるものと推測される。いずれにせよ、脅威に対する認識の高まりが大きな原因であろう。脅威の存在が費用対効果を圧倒したともみられよう。

　この点については、核シェルターはもともと大規模な人為災害、自然災害のうち最も過酷な核爆発に備える目的で建設されるものであり、他国からの核攻撃が杞憂に終わったとしたらそれは素直に受け入れ安心できるし、仮に今後大規模な地震、津波、火災等が発生したとしても、準備した核シェルターが「備えあれば憂いなし」と国民の身を守ることになり、費用対効果を十分に立証されることになろうと考える。

　一方、核シェルターを保有していないことが、他国からの核攻撃を招き寄せる要因になるとの指摘もある。核攻撃のリスクを回避、ないしは、少しでも軽減するとの観点からは、核シェルターの存在は極めて大きく、官民一体となって国を挙げての早期の整備・拡充が重要と考えられる。

第3章 核攻撃に対する防護

9. 核シェルターの普及・促進提案

　2017年秋から2018年にかけての北朝鮮のミサイル発射および核実験の一連の動きを受けて政府与党の国会議員をはじめ、その他政治家の間からも核シェルターの普及・促進についてようやく重い腰を上げる機運が出てきているようである。少なくとも公共の避難場所としての核シェルターの確保の必要性を求める声が高まってきており、核シェルターの整備に関して企業との連携、税制面での優遇措置などの具体案も徐々に浮上している模様である。

　これらの意見や提案を整理するとおおむね以下のとおりである。

⑴　爆風や放射線への対応を考えると、安全性を確保するためには、地下空間にそれなりの規模のシェルターを普及させる必要がある。

⑵　現実的対応として、現在民間企業や団体が持つ地下施設の有効活用を進める。具体的手順は次のとおり。

　⇒まず、政府が各自治体に核ミサイル攻撃に対応した避難計画の策定を指示する。

　　→その際に地下施設を持つ企業や団体を把握する。

　　→その施設の規模や構造などの詳細をまとめる。

　　→そのデータを参考に周辺住民の避難ルートなどを設計する。

　　→住民の避難場所として、地下施設を提供する企業や団体に対して補助金を支給する。

　　→地方は地下施設の普及が未開のところが多いので、地方で核シェルターを新設する企業や団体へは補助率を引き上げるなどの手厚い優遇策が検討される。

　　→また個人住宅の新築に合わせて核シェルターを設置した場合、

優遇措置を付与する。

　上記のような一見現実的な提案が早急に国政の場で審議され、具体化されることが望ましいと考えられる。

　あくまでも世界の平和と安定を希求して、予期せぬ理不尽な大規模災害、攻撃等からわが身、家族……を守る（護る、衛る）を目標にお互いが努力していくことが重要と考える。

付録及び関連参考情報

付録A　防じんマスクの代表例

　核爆発によって生じるフォールアウト（放射性降下灰）や粉じんに含まれる核分裂生成物その他の有害物質をできるだけ体内に取り込まないようにすることが最も重要である。以下に日本国内で取り扱われている代表的な防じんマスクを紹介する。

　防じんマスクは、基本的に事業場その他の場所において、発生する粒子状物質（粉じん・ヒューム・ミスト等）を吸入する恐れがあるときに使用する呼吸用保護具である。したがって、防じんマスクを選ぶ際は、粉じんの捕集性能（粒子捕集効率）だけでなく、顔面との密着性が良いマスク、作業に不便がないようなマスクの形状やサイズ、重さ等にも配慮する必要がある。とくに、フィルタ性能とマスクと顔との「密着性」の確保は最も重要である。

(1) 取り替え式防じんマスク

　粒子捕集効率は、いずれも99.9%以上。

粒子捕集効率実測平均値99.99%を誇る安全性の高い全面型面体マスク

⑵ **使い捨て式防じんマスク**
　使い捨て式防じんマスクを選択する最大のポイントは、顔にしっかりフィットすることである。

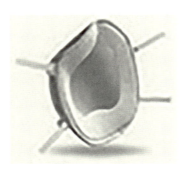

⑶ **取り替え式防じんマスクの交換部品**
　取り替え式防じんマスクの交換部品としては、吸気弁、吸湿スポンジ、排気弁、締めひも、接顔メリヤスなどがあり、適宜部品を交換してキチンと手入れ（メインテナンス）をして使用する必要がある。

付録及び関連参考情報

付録B　ホームシェルターの代表例

　以下に現在、日本国内で取り扱われている代表的なホームシェルターを紹介する。
　部屋設置型、工事不要型、および、大型施設用シェルターの代表的な設備である。いずれもNBC*（核・生物兵器・化学兵器）対応である。

　＊イニシャルは以下のとおり。CBRN対応もあり（NBCは共通）。
　　B＝生物兵器（炭そ菌等）、C＝化学兵器（サリン・VXガス等）、
　　N＝核、R＝放射性物質を表す。

---

(1) 部屋設置型シェルター

　イスラエル型と称される設備で、イスラエル規格協会と民間防衛軍によって認可された世界最高水準のろ過性能「99.995％」を有するといわれている。

　基本的にこのユニットを室内の壁面に設置するだけであり、例えば、オフィスや住宅の一室を容易にCBRN対応の核シェルターにすることができる。

(2) 工事不要型シェルター

　設置工事不要のセットで、有事の際は、テントを組み立てて利用する

107

ことができる。賃貸、マンション、戸建てすべてに対応できるセットである。

(3) 大型施設用シェルター
　上記(1)の部屋設置型シェルターでは対応できない広さに対応するろ過機である。
　基本的には、50 m²程度の広さに適しているが、それ以上の広さの場合にはその広さに応じた業者によるサイズ提案が可能である。

付録及び関連参考情報

(4) 防爆・耐震・耐放射性物質・耐生物/化学兵器対応シェルター

　分割型のため間口が狭い住宅でも搬入設置が可能である。箱型なので360度からの危険から身を守ることができ、家屋がつぶれる事態は勿論、地震で家具家電などが飛んでくる場合も安心して避難することが可能といわれている。

　また、Ｊアラート等が鳴り、ミサイルなどが飛来した際の爆風による家屋破損時に起こり得るガラス片や木材などによる危険や、台風や竜巻による重量物の飛来などに対しても360度防護なので安心して逃げ込むことが可能とされている。

　さらに、上記(1)のCBRNろ過ユニット（フィルター）を内部に設置することで、放射性物質や化学/生物兵器からも身を守ることが可能である。

　ミサイル落下時の爆風による打撃的被害から回避・核ミサイル落下時の放射線から回避・核爆発後の放射性物質から回避と鉄壁の守りを自宅の中に組み込むことが可能になるとされている。現在、特許出願中。

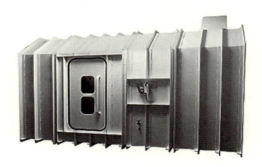

(5) 屋外/地下埋設対応型シェルター

　最短工期でコンクリート造りのシェルターを地上設置・地下埋設のいずれでも設置可能である。

(6) 地下埋設型シェルター

　地下に埋設するタイプのシェルターで、掘削するスペースのある方に推奨される。

付録及び関連参考情報

関連参考情報　J-ALERT（アラート）の概要

　J-ALERT（Jアラート：日本のJapanと警報のAlertを結び付けた造語）は、「全国瞬時警報システム」の通称である。

　通信衛星と市町村の防災行政無線や有線放送電話を利用し、緊急情報を瞬時に住民へ伝達することを目的としたシステムである。

　2004年度から総務省消防庁が開発及び整備を進め、実証実験を経て2007年2月9日から一部の地方公共団体で運用が開始された。

　J-ALERTの最大の特徴は、対処に時間的余裕がない大規模自然災害や北朝鮮の弾道ミサイル発射実験などに関する情報を「国から住民まで直接瞬時に」伝達することが出来るという点である。住民に早期の避難や予防措置などを促し被害の軽減に貢献することが期待されている。

　また、導入により地方公共団体の危機管理能力が高まるものとみられている。

　以下にJ-ALERTの概念図を示す。

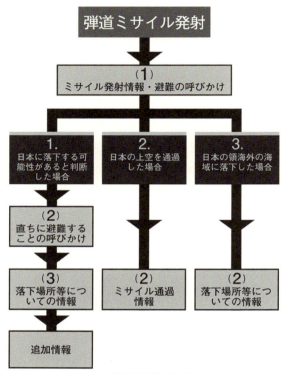

「国民保護ポータルサイト」より

情報伝達の流れ

(1) 緊急事態の発生とその覚知

　気象関係情報は気象庁、武力攻撃等の国民保護関係情報については内閣官房がまず覚知。弾道ミサイル関係情報は、航空自衛隊の自動警戒管制組織またはアメリカ戦略軍の宇宙統合機能構成部隊・北アメリカ航空宇宙防衛司令部から内閣官房に伝達される。

(2) 消防庁へ情報伝達

　気象庁または内閣官房は覚知した緊急事態について消防庁に情報を伝達する。

(3) 地方公共団体へ情報伝達

　消防庁は通信衛星（SUPERBIRD B2）を経由して、緊急情報を全国の地方公共団体へ配信する。

(4) 住民へ伝達

　市町村において防災行政無線や有線放送電話、緊急告知FMラジオが自動起動され、サイレン吹鳴や音声放送等により情報が住民へ伝達される。

地方公共団体のJ-ALERTへの対処例

　青森県むつ市では、北朝鮮による弾道ミサイル発射事例に伴い、同市ホームページに市民向けの「弾道ミサイルの発射時にとるべき避難行動について」を掲載し、J-ALERTによるミサイル発射情報――日本の領土・領海に落下する可能性があると判断した場合、日本の領土・領海の上空を通過した場合、ならびに、弾道ミサイル落下時の行動について、J-ALERTにより伝達される緊急情報に対応した行動について市としてのガイドラインを公表した。

弾道ミサイルの発射時にとるべき避難行動について

　北朝鮮による弾道ミサイルの発射事例が発生しております。

発射された弾道ミサイルが日本に飛来する可能性がある場合、全国瞬時情報システム（Jアラート）により、市の防災行政無線で、特別なサイレン音とともにミサイル発射に関する情報が伝達されます。

　また、緊急速報メール（エリアメール）でも同様の情報を発信します。

▌Jアラートのミサイル発射情報

▫日本の領土・領海に落下する可能性があると判断した場合

1．「ミサイル発射。ミサイル発射。北朝鮮からミサイルが発射された模様です。**建物の中、又は地下に避難してください。**」

2．「直ちに避難。直ちに避難。直ちに**建物の中、又は地下に避難してください。**ミサイルが落下する可能性があります。直ちに避難してください。」

3．「ミサイル落下。ミサイル落下。ミサイルが○○地方へ落下した可能性があります。続報を伝達いたしますので、引き続き屋内に避難してください。」

▫日本の領土・領海の上空を通過した場合

1．「ミサイル発射。ミサイル発射。北朝鮮からミサイルが発射された模様です。**建物の中、又は地下に避難してください。**」

2．「ミサイル通過。ミサイル通過。先ほどの**ミサイルは、○○地方から○○へ**通過した模様です。不審な物を発見した場合には、決して近寄らず、直ちに警察や消防などに連絡してください。」

▌弾道ミサイル落下時の行動について

弾道ミサイルは、発射から極めて短時間で着弾します。

付録及び関連参考情報

　ミサイル発射に関する情報を受けたら、落ち着いて、直ちに下記の行動をとってください。

【屋外にいる場合】
- 近くの**建物（できればコンクリート造り等の頑丈な建物）の中、又は地下（地下街や地下駅舎などの地下施設）**に避難し、窓から離れて頭部を守ってください。
- 近くに適当な建物がない場合は、物陰に身を隠すか地面に伏せて頭部を守ってください。

【屋内にいる場合】
- **できるだけ窓から離れ、できれば窓のない部屋へ移動**して頭部を守ってください。
- 無理をして屋外へ出て避難しないでください。

　大事なのは、ミサイルが爆発した際の飛散物から身を守ることや、爆発に伴う光を直視しないことなど、自らの生命を守るための行動です。
　落ち着いて、直ちに避難を行ってください。

　ミサイル発射情報に関しては、「建物の中、又は地下に避難する」よう指示し、また、弾道ミサイル落下時の行動に関しては、「近くの建物（できればコンクリート造り等の頑丈な建物）の中、又は地下（地下街や地下駅舎などの地下施設）に避難し、窓から離れて頭部を守るよう指示している。

主な参考資料

(1) 『核燃料物質等の安全輸送の基礎』有冨正憲、志村重孝、内野克彦
共著　ERC出版
(2) 『マレー原子力学入門』レイモンド・マレー、キース・ホルバート
著　矢野豊彦監訳　講談社
(3) 『放射線安全教育テキスト』千代田テクノル
(4) 『原子力ハンドブック　爆弾篇』S. グラストン著　武谷三男、服部
学監訳　商工出版社
(5) 『ヒロシマを世界に』広島平和記念資料館
(6) 『核』日本科学者会議編　合同出版
(7) 『北朝鮮の核攻撃がよくわかる本』宝島社
(8) 『民間防衛』スイス政府編　原書房
(9) 『核時代に生きる市民の防護』米国政府刊行　日本市民防衛協会
(10) 『核攻撃より生き残るための11ステップ』日本防衛協会監修　カナ
ダ国防省

内野　克彦（うちの　かつひこ）

世の中は学歴ではなく資格取得が重要です。
また、原子力関係の事故を防ぐには従事者の
力量を高めるための教育・訓練が大切です。
そのため後輩の原子力関係国家試験の受験講
師をしています。

1967年　東海大学工学部応用理学科原子力工
　　　　学専攻卒業
2005年　原燃輸送㈱定年退社
同　年　六ヶ所村安全アドバイザー委嘱
　　　　　事故時対応、品質保証担当
2010年　退任
現在　　㈱青森原燃テクノロジーセンター
　　　　　第1種、第2種放射線取扱主任者
　　　　　核燃料取扱主任者試験受験講師
　　　　むつ市役所
　　　　　第2種放射線取扱主任者試験受験講師
　　　　総和開発㈱顧問　宅地建物取引士
　　　　㈱大湊精電社顧問　原子力関係
資格　　核燃料取扱主任者　第1種放射線取扱主任者
　　　　第1種作業環境測定士　宅地建物取引士
　　　　第1種衛生管理者等
著書　　『核燃料輸送工学』（共著）
　　　　『核燃料物質等の安全輸送の基礎』（共著）

核攻撃から身を守ろう！

2018年9月8日　初版第1刷発行

著　者　内野克彦
発行者　中田典昭
発行所　東京図書出版
発売元　株式会社 リフレ出版
　　　　〒113-0021　東京都文京区本駒込 3-10-4
　　　　電話 (03)3823-9171　FAX 0120-41-8080
印　刷　株式会社 ブレイン

© Katsuhiko Uchino
ISBN978-4-86641-174-3 C0031
Printed in Japan 2018
落丁・乱丁はお取替えいたします。

ご意見、ご感想をお寄せ下さい。

［宛先］〒113-0021　東京都文京区本駒込 3-10-4
　　　　東京図書出版